KB067447

다이소에 갑니다

리테일 브랜드의 UX 리서치 리포트

다이소에 갑니다

UX 리뷰

차례

CHAPTER 2. 다이소를 관찰하다

CHAPTER 3. 다이소를 상상하다

일러두기

- 이 책에 수록된 인터뷰는 전문적인 UX 연구 방법론을 기반으로 진행되었으며, 분량의 방대함으로 인해 일부 축약된 내용이 있습니다.
- 외부 필진의 원고 내용은 이 책의 편집 방향과 다를 수 있습니다.
- 보다 생생한 경험담을 담기 위해 일부 입말을 살렸으며, 2023년 상반기에 취재한 내용이 포함되어 있어 현재와 상이한 점이 있을 수 있습니다.

서문

이 책은 UX 리서치 및 교육 콘텐츠 전문 브랜드인 유엑스리뷰의 에디터들이 풍부한 경험을 가진 다이소 고객들을 인구통계학적 다양성을 고려하여 선별하고, 그들과 오랜 시간 대화한 결과를 편집한 것입니다. 또한, UX 관련 전공자들로 이루어진 여러 명의 객원 리서처들이 2개월 이상 다이소를 조사한 결과 역시 축약하여 보여 줌으로써 독자 여러분이 기획하는 서비스나 비즈니스에서 새로운 디자인의 가능성을 스스로 모색해 볼 수 있도록 한 책입니다.

책에 수록된 인터뷰는, 그 수보다 훨씬 많은 다이소의 고객을 대상으로 수개월 동안 진행된 조사에서 경험에 관한 유의미한 진술을 가장 폭넓게 이야기한 분들로 선별된 것입니다. 다양한 고객 유형이 드러난 인터뷰들은 긴 대화의 핵심만 추려 여러 명의 다이소 고객들이 가장 빈번하게 진술한 경험의 코드들이 내포된 대화 위주로 구성하였습니다.

'국민가게'라는 타이틀을 내세우는 다이소는 한국의 대표적 저가형 리테일 브랜드로, 그 고객들의 전형적 경험을 이해하게 되면 유사한 비즈니스의 UX에 접근하기 한결 수월해질 것입니다. 이 책은 그러한 목적을 위하여 경험의 특이성보다는 대표성과 다양성을 보여 줌으로써 다이소의 주요 고객층이 어떤 경험을 하고 있는지 살펴보도록 하는 데 집중했습니다. 잘 알려진 모든 브랜드에 관한 경험이 그러하듯, 독자들이 예측했던 경험도 있을 것입니다. 하지만 그러한 예측이 생생한 이야기를 통해 확신으로 전환된다면 그 브랜드를 넘어 관련 산업까지도 통찰하는 힘이 생길 것입니다.

다이소는 주변에서 흔히 볼 수 있는, 전 국민이 다 아는 브랜드이지만 왜 그렇게 급성장했는지, 또 어떤 경험을 제공하는지를 탐구한 책이 없었습니다. 무엇보다, 다이소와 관련해서는 다른 산업에서 흔히 찾아볼 수 있는 두드러진 경쟁 양상이 없다는 특이성이 있는데, 이 책은 그러한 독보적 지위를 창출한 동력을 '고객 경험'으로 보고 접근하였습니다. '다이소 경험'의 이모저모를 보며 리테일 산업의 UX가 무엇을 지향해야 하는지, 또 다이소처럼 강력한 오프라인 기반의 브랜드는 어떤 경험을 제공하길래 많은 고객을 확보하게 되었는지 이해하게 될 것입니다.

이 책이 다이소라는 브랜드에 관심을 가진 사람들이나 혹은 관련 산업의 종사자들에게만 도움이 되리라고는 생각하지 않습니다. UX를 논함에 있어 여전히 모바일 앱을 비롯한 디지털 제품에 관한 연구가 대세이지만 지금이 그러한 시대이기에 오히려 오프라인의 가능성과 한계를 다시금 돌아볼 때입니다. 삼성이나 애플과 같은 디지털 브랜드들 역시 오프라인에서의 경험을 중시하며 매장의 UX를 강화하고자 노력하고 있지만 무엇이 고객을 계속 방문하게 만드는가에 관한 문제는 다양한 관점에서 추가적인 고민과 연구가 필요합니다.

이 책은 독창적인 인테리어 디자인만으로는 이제 강력한 오프라인 고객 경험을 창조하기 힘들다는 것을 전제로 합니다. 단지 매장을 아름답게 꾸미는 것을 넘어 다이소처럼 지속적인 고객 경험을 제공하려면, 혹은 오프라인 경험 자체가 비즈니스 모델이 되도록 하려면 어떤 경험을 제공해야 하는지는 더 거시적으로 생각되어야 합니다. 앞으로 이 책에서 펼쳐질 내용은 모두 오프라인 매장에 많은 사람이 계속 방문하게 만들기 위한 쇼핑 콘텐츠 경험에 관한 이야기가 될 것입니다. 물리적 상품과 마찬가지로, 오프라인 매장 역시 콘텐츠가 먼저 만들어진 뒤에 디자인되어야 한다는 것을 다이소의 성공 사례가 잘 보여 주기 때문입니다.

다이소는 왜 디지털 시대에 온라인보다 오프라인에 더 투자했던 것일까요? 그리고 그것이 효과적일 수 있게 만든 원동력은 무엇일까요? 다이소가 판매하는 물건들은 최고의 품질이나 디자인을 자랑하는 게 아님에도 불구하고 왜 많은 사람이 구매할까요? 단지 저렴한 가격이면 충분한 것일까요? 이러한 물음들에 대한 답을 이 책에서 구할 수 있길 바랍니다.

UX 리뷰 편집장

현호영

Editor's note

지금 여러분의 손에 천 원이 들려 있다면, 이 돈으로 어디에서 무엇을 할 수 있을까요? 버스나 지하철의 성인 요금에 미치지 못하니 어딘가로 이동하려면 시간제 공공자전거를 이용하거나 걷는 등 두 다리의 힘을 빌려야 할 것입니다. 배가 고파 먹을 것을 산다면 어떨까요? 최근에는 편의점에서 천 원 이하의 삼각김밥을 찾기가 어려워졌고, 웬만한 커피숍에서는 아메리카노 한 잔 값도 치를 수 없습니다. 천 원이면 짜장면이 두 그릇이었다던 수십 년 전의 이야기는 전설보다 더 멀게 느껴질 만큼 우리 주머니 속 천 원 한 장의 무게는 가벼워졌습니다.

그러나 천정부지의 물가에도 여전히 천 원의 가치와 상징성이 유효한 곳이 있습니다. 바로 다이소입니다. 한때는 온갖 잡화를 어지럽게 놓아두고 팔던 소규모 천원숍들을 동네에서 더러 볼 수 있었는데요, 어느덧 그런 가게들은 대부분 자취를 감추고 다이소 매장이 전국적으로 자리 잡았습니다. 손가락 하나로 상품을 구매하고 가격을 비교할 수 있는 채널이 그 어느 때보다 다각화되어 있는 이 시점에 우리 생활에서 다이소라는 브랜드가 힘을 갖는 이유는 무엇일까요?

전국의 소비자가 그 이름을 알 만큼 독보적인 입지를 구축한 다이소의 저력에는 단순히 저렴한 가격 이상의 무언가가 있습니다. 그래서 그 무언가를 발견하기 위해, 다이소를 찾는 사람들의 경험을 수집했습니다. 브랜드의 시작과 끝에는 언제나 사람이 있고, 그 사람들의 경험 속에 브랜드가 가진 강력한 힘의 원천이 숨어 있기 때문입니다.

다이소는 오프라인 경험의 비중이 큰 브랜드입니다. 따라서 다이소 매장이 위치한 장소, 매장의 시설, 직원과 대면으로 이루어지는 커뮤니케이션, 구매한 실물 상품 등 다면적인 요소들이 모두 '다이소의 경험'이 됩니다. 브랜드와 사용자 간의 다채로운 접점을 탐구하고 이 책에 담아내며 대중적인 브랜드를 형성하는 경험의 힘을 다시금 확인할 수 있었습니다. 솔직한 시선과 목소리를 전해 주신 모든 분께 감사를 표하며, 다이소의 사용자 경험을 탐구한 저희의 여정이 독자 여러분에게 즐거움과 인사이트를 드릴 수 있기를 바랍니다.

UX 리뷰 책임 에디터

황현아

Introduction

1997년 5월 '아스코이븐프라자'라는 간판 아래 첫 매장을 연 다이소는 2001년 지금의 이름을 갖게 되었고, 전국에 1,500개 이상의 매장을 보유하며 국내의 대표적인 균일가 생활용품점으로 자리 잡았다. 금융감독원 전자공시시스템에 게재된 감사보고서에 따르면 다이소는 2023년 약 3조 4605억 원의 매출액을 기록하며 '3조 클럽'에 본격 진입했다. 원가 상승 등의 이유로 영업이익이 전년도보다 감소한 해도 있었지만, 매출액은 수년간 꾸준히 증가세를 보이고 있다. 국내 다른 주요 오프라인 리테일 기업들의 매출이 주춤했던 것을 고려하면 다이소의 이러한 행보는 주목할 만하다.

기업의 비전이 '가격 대비 최고의 가치 제공'인 만큼, 다이소를 소개할 때 빼놓을 수 없는 것이 바로 가격 정책이다. 현재 다이소에서 판매하고 있는 상품의 가격 분류는 500원, 1,000원, 1,500원, 2,000원, 3,000원, 5,000원으로 총 6개이다. 그리고 그 가운데 1,000원, 2,000원 상품이 전체의 약 80%를 차지한다. 소비자 대다수도 다이소의 큰 특징이자 장점 중 하나로 합리적이고 저렴한 가격을 꼽는다. 국내외 여러 잡화 브랜드들이 도전장을 내밀었지만 어떤 곳도 가성비 측면에서 다이소 이상의 인지도를 얻지는 못했다.

다이소는 이처럼 파격적으로 저렴한 가격을 유지하기 위해 제조사와 직접 거래하여 유통 과정을 간소화하는 방법을 택했다. 또한 마케팅과 포장에 드는 비용 등을 최소화해 원가 절감 효과를 더했다. 최근에는 관계사 소관이던 다이소몰(온라인)의 운영을 아성다이소가 직접 맡기로 결정하며

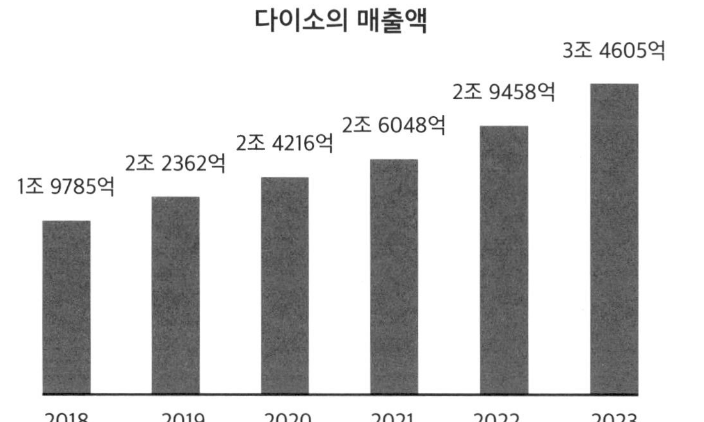

출처: 금융감독원 전자공시시스템

이커머스로까지 영역 확장을 꾀할 전망이다.

사실 다이소를 설명하는 '균일가 생활용품점'이라는 분류 자체는 그리 낯설지 않은 개념이다. 해외에서도 유사한 브랜드들을 찾아볼 수 있다. 미국에서는 이를 '달러스토어' 또는 '1달러숍'이라고 부르며, 대표적인 체인으로는 달러제너럴Dollar General, 달러트리Dollar Tree 등이 있다. 일본에는 세리아Seria와 캔두Can Do 등이 '100엔숍' 체인으로 운영되고 있다. 이러한 브랜드들은 가격 경쟁력을 무기로 근래와 같이 경기 상황이 좋지 않을수록 사람들의 발길을 사로잡는 경향이 있다.

그러나 다이소가 제공하는 경험은 단순한 가격 만족 이상인 것으로 보인다. 달마다 추가되는 수백 개의 신상품과 시즌 상품은 품질과 즐거움까지 잡았다는 평가를 받고 있다. SNS에서는 다이소와 관련해 '품절대란템'이라는 키워드를 흔히 발견할 수 있다. 연예인이 착용한 공주 액세서리 완구, 메이크업 브러쉬 세척이나 소맥 제조 등 기존 용도 외의 재미있는 쓸모로 화제가 된 세탁기 장난감, 피부 관리에 효과적이라는 기름종이나 기존 화장품 브랜드와 협력하여 출시한 메이크업 제품 등 다이소에서 판매되는 각종 상품이 소비자들 사이에 입소문을 타고 품절 현상까지 일으킨 것이다. 유튜브와 같은 영상 플랫폼에는 수많은 '다이소 추천템' 관련 콘텐츠가 업로드되어 있으며 시즌마다 출시되는 PB 상품 역시 꾸준히 긍정적인 반응을 얻고 있다. 경제적인 관점뿐만 아니라 문화적인 관점에서도 다이소를 눈여겨봐야 할 이유이다.

CHAPTER 1.

다이소를 경험하다

어느새 구매하게 되는 마성의 가성비

부모님과 함께 살며 프리랜서로 일하고 있는 30대 여성 박정은 씨는 평소 소비를 통해 스트레스를 해소하고, 주로 아기자기하고 귀여운 상품에 관심이 많은 편이다. 다이소에는 주 2회 정도 방문하며, 구매 목적이 아니더라도 다이소에 들러 구경하기를 즐긴다. 다이소는 저렴한 가격과 실용성 덕분에 상품을 구매하는 데 부담이 적어서 목적 없이 왔을 때도 무언가 구매해서 나오는 경우가 많다.

평소 어떤 소비 습관을 갖고 있나요?

소비를 통해서 스트레스를 해소하는 편이에요. 예를 들어서 회사 다닐 때는 퇴근하고 나면 너무 지치잖아요. 그러면 다이소나 올리브영에 가서 자잘한 것들 사는 식으로 스트레스를 푸는 것 같아요. 취향에 맞거나 언젠가는 필요할 것 같다고 생각이 들면 당장 필요하지 않아도 그냥 사서 쟁여 놓는 걸 좋아해요. 디자인이랑 가격만 맞으면 그냥 사니까 물건을 살 때 고민하는 시간도 길지 않아요. 그리고 또 성격이 좀 급해서 온라인 쇼핑 배송을 못 기다리고 매장으로 일단 가는 편인 것 같아요. 직접 가서 물건을 확인하고 사는 과정이 좋고, 또 그러는 과정에서 생각지도 못한 물건을 사 올 수도 있으니까요. 진짜 꼭 필요하진 않은데 갖고 있으면 기분이 좋아지는 것들은 불필요해도 사요.

상품을 구입할 때 중요하게 생각하는 것은 무엇인가요?

일단 저는 물건을 사용하려는 목적이 중요하다기보다는 어떤 만족감을 얻기 위해서 사는 게 크기 때문에 디자인 위주로 들여오는 것 같아요. 예쁘면 기분이 좋으니까요. 그냥 샴푸 하나라도 좀 예뻐야 되고. 그 다음에는 가격인데, 주로 1만 원 안 넘는 선으로 많이 사요. 1만 원 내외일 때 지갑이 가장 잘 열리고 (웃음) 저렴하면 저렴할수록 좋은데, 또 너무 디자인 퀄리티가 떨어질 정도로 저렴한 거 말고 적당한 선에서 저렴한 편인 게 좋은 것 같아요.

평소 생활 반경에 다이소 매장이 있나요?

신촌에 놀러 가는 일이 많은데, 갈 때마다 한 번씩은 다이소에 들러요. 3층짜리 건물이라 뭐가 새로 나왔는지 요새 뭐가 유행하는지 이런 걸 보기에 좋은 장소인 것 같아요. 당장 지난 주말에도 다녀왔어요. 영화를 볼 때는 상암점 다이소를 가는데, 1층에 영화관이 있고 위에 다이소가 있거든요. 그래서 영화 보고 나서 쇼핑하러 올라가고 그래요. 근데 그 다이소는 제가 영화를 보는 빈도에 따라서 가는 빈도도 달라져요. 한 달에 영화 한 번 보면 한 번만 가고, 그런 식이에요.

자주 가는 매장의 환경은 어떤가요?

신촌본점은 지하철역 출구 바로 앞에 있어서 밖으로도 붐비고, 안에서도 계산하려면 한참 기다려야 하고 좀 부대끼면서 봐야 하는 그런 분주한 분위기예요. 또, 3층짜리라 좀 크고 화사해서 화려한 느낌이 들고요. 다이소는 큰 매장일수록 훨씬 좋다는 생각을 많이 했어요. 신촌, 강남, 홍대 이렇게 거점에 있는 데가 되게 좋더라고요. 같은 카테고리에 품목 수가 되게 적은 경우가 있는데 여기는 물건이 많아요. 같은 에어캡이어도 종류가 되게 다양하고 깔창류도 다양하고 그렇기 때문에 여기는 진짜 뭔가가 필요할 때 가기 좋은 곳이라는 생각이 들어요. 그리고 들어갔을 때 제일 먼저 보이는 게 신상품이랑 뷰티 코너고 생활용품은 주로 2~3층에 올라가 있는 걸 보면 여기는 생활 상권이 아니고 사람들이 놀러 와서 들르는 곳이라는 느낌을 주는 것 같아요.

다이소 매장에 들어가면 가장 먼저 어디로 향하나요?

저는 신상품 보고, 뷰티 보고, 그다음에 취미를 봐요. 아마 취미 코너에 인형 같은 것도 같이 있었던 것 같아요.

매장 내에서 이동의 편리성은 어떤가요?

신촌본점은 구조가 계단으로 올라가야 하는 구조라서 다리는 좀 아파요. 3층까지 가다 보면 아무래도 한 번에 가기에 되게 힘들다는 느낌이 들죠. 그리고 여기가 계산하는 줄이 되게 밀려요. 계산해 주는 직원이 있었는지는 기억이 잘 안 나는데, 사람이 많다 보니까 무인 계산대만 해도 많이 밀리고 기다리는 줄이랑 돌아다니는 손님 줄이랑 엉켜 있는 경우가 있어서 그럴 때 좀 불편했어요. 근데 이건 그 매장만의 특성인 것 같아요.

그 외에 매장에서 느꼈던 불편 사항이 있었나요?

제가 뷰티를 2순위로 본다고 했었는데, 다이소가 클리오랑 색조 화장품을 협업해서 내놓은 적이 있거든요. 그게 색조 테스터는 있는데 리무버랑 화장솜은 없더라고요. 그래서 발라 보고 지우지를 못하니까…… 이건 다른 매장에 가도 다 그렇더라고요. 그래서 그 점이 좀 난감했던 것 같아요.

구매할 상품이 있어서 방문할 때와 목적 없이 방문할 때, 두 가지 경우의 비율은 어느 정도인가요?

40:60이요. 살 것이 있을 때가 40.

가장 최근에 다이소를 방문했던 경험을 이야기해 주세요.

신촌에서 데이트하고 '어디 갈 데 없나' 하다가 제가 다이소를 좋아하고 뭘 구경하는 걸 좋아하니까 다이소에 들어갔고, 신상품 위주로 봤는데 에어팟 케이스가 새로 나온 거예요. 그래서 바꿀까 하다가 아직 원래 것이 쓸 만해서 안 바꿨고, 2층에 올라가서 제가 최근에 빠진 보석 십자수가 있는지 찾아다녔는데 일단 취미 코너에는 없더라고요. 그래서 그게 없는 걸 확인하고서 완구 쪽에 조카 줄 장난감들을 좀 보러 다녔고, 제가 욕실용품 보는 걸 좋아해서 거품 목욕하는 거라든지 이런 상품들 위주로 보고 내려왔던 것 같아요.

그날 구매한 상품이 있나요?

아니요. 그날은 아이쇼핑만 했어요. 필요한 물건이 있어서 간 게 아니라 시간을 보내려고 갔던 거라. 그전에 한 번 갔을 때 필요한 걸 다 샀거든요. 그때 해소가 돼서 그날은 구경만 했어요.

그전에는 어떤 상품이 필요해서 다이소를 방문했나요?

그때도 보석 십자수를 찾으러 갔는데, 제가 인터넷에 검색했을 때는 있다고 들었거든요. 그런데 가는 매장마다 없더라고요. 아마 진짜 큰 매장에만 한두 개 들어와 있는 상품인 것 같아서 차순위인 상암점으로 갔는데 거기에도 없었어요. 근데 약간 이런 데 가면 괜히 연쇄 소비가 이루어지잖아요. 다이소는 가격도 저렴하고 실용성이 있다 보니까 물건을 살 때 부담이 없거든요. 그래서 며칠 전에 신었던 신발이 불편했던 게 생각나서 신발 뒤꿈치 깔창 패드를 샀었고, 유리 머그잔 같은 거 하나도 샀던 것 같아요. 막상 나오니까 보석 십자수는 못 사고 갑작스럽게 다른 것들만 들고나온 거죠. '뭐 한 거지?' 이 생각이 들고. (웃음)

원래는 구매할 의도가 없었지만 사게 된 상품이 또 있나요?

와인잔이랑 파우치랑 이런 아기자기한 것들을 많이 샀고, 예전에 국자나 레몬즙 짜는 주방용품 이런 것도 샀었어요. 저는 필요하지 않지만 평소에 엄마한테 없던 물건이라고 생각하면 그냥 편하게 사 가는 것 같고요. 조카 주려고 인형도 사고…… 선물까지는 아니어도 소소하게 가져다주는 용도로. 그리고 파스타 볼이나 샐러드 볼처럼 그냥 이게 있으면 요긴하게 쓰일 것 같다 싶은 것들도 샀어요. 갖고 싶다 싶으면 가격이 2~3천 원이다 보니까 그냥 사요.

매장에서 원하는 상품이 있으면 어떻게 찾나요?

> 일단 찾아보고 진짜 못 찾을 때만 점원분들에게 여쭤보는 것 같아요. 점원분들이 항상 바쁘시잖아요. 뭐 들고 왔다 갔다 하시고 항상 땀 흘리시고 그러다 보니까 말을 걸기가 힘든 분위기더라고요, 어딜 가든지. 그리고 분업이 어떻게 이루어져 있는지도 모르고 누가 몇 층을 담당하는지도 모르니까 그 상품을 누구한테 여쭤봐야 할지를 몰라서 보통은 그냥 혼자서나 일행이랑 같이 찾으러 다녀요. 그러다 보니까 상품 찾는 데 시간이 한 20분씩 걸려요. 보석 십자수나 특별 봉투나 이런 특수한 물건을 찾을 때는 되게 오래 걸리는 것 같아요.

일반적으로 다이소 매장의 상품 배치는 어떻다고 생각하나요?

> 상품 배치가 매장마다 좀 다른 것 같더라고요. 상암점은 리빙이나 이런 거 위주고 신촌점은 사람들이 놀러 와서 살 만한 것들이 1층에 있고 그렇게 달라지는데, 그냥 다이소 전체를 봤을 때 저는 상품 배치가 좀 어지럽게 되어 있는 것 같아요. 매장마다 다르다 보니까 규칙성이 없잖아요. 그래서 지도 같은 게 있으면 더 편하지 않을까 싶은 생각은 진짜 많이 했어요.

만약 구매할 것이 있어서 다이소를 방문했는데 문을 닫은 상황이라면 어떻게 할 것 같나요?

> 올리브영에 갈 것 같아요. 제가 다이소에서 사는 물건이랑 올리브영에서 사는 물건이랑 겹치는 게 많은 것 같아서요. 근데 다이

소에 물건이 훨씬 많다 보니까 보낼 수 있는 시간도 더 많고, 제주의를 끄는 것들도 많아서 평소에는 다이소 먼저 갔다가 올리브영에 가죠.

결제할 때 다이소 멤버십을 이용하나요?

다이소 멤버십은 좀 불편하다고 생각해서 잘 안 쓰게 되더라고요. 대학교 때는 썼었는데 개인정보 동의를 몇 년마다 다시 하지 않으면 그게 만료가 되더라고요. 다시 가입을 하기가 번거로웠고…… 다이소 앱도 따로 이용을 안 하고 있어요. 제가 물건도 주로 오프라인에서만 많이 사다 보니까 온라인 위주로 필요한 서비스는 손이 안 가게 되더라고요.

다이소의 온라인 쇼핑몰을 이용해 본 적이 있나요?

아니요, 저는 오프라인만 주로 이용해요. 구매에 대한 욕구나 스트레스가 바로바로 해소되고 물건을 사 오는 데서 오는 만족, 편익 제공이 바로바로 되니까 다이소에 가는 거라서요. 그래서 오프라인을 위주로 가는 것 같아요. 근데 지방, 산지 이런 데 사시는 분들한테는 유용할 것 같다는 생각이 들어요. 아무래도 도심에는 다이소가 진짜 많다 보니까 온라인까지 들어갈 일이 없는데 그렇지 않은 곳에 사는 분들한테는 온라인 다이소가 진짜 유용할 것 같다는 생각?

다이소에서 구매한 상품 중에 추천하고 싶은 것이 있나요?

● 에어팟 케이스

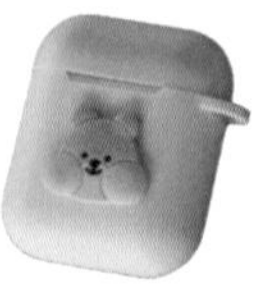

제가 아무래도 디자인을 제일 먼저 본다고 그랬잖아요. 제가 좀 귀여운 걸 좋아해서 이 디자인이 마음에 들기도 하고, 길거리에서 사려고만 해도 5천 원인데 다이소는 2천 원이다 보니까 그때도 충동구매를 했거든요. 그대로 매번 들고 다니다가 친구들을 만났는데 친구들도 이걸 들고 다니는 거예요. 이게 다이소 전용 상품인데. 그래서 '많이들 취향이 겹치는구나' 이런 생각이 들었고, 되게 휘뚜루마뚜루 잘 들고 다녀요. 잘 안 뜯어지고, 작년에 샀는데 이 정도면 잘 유지가 되는 것 같아요. 얘가 진짜 까매지기 전까지는 안 바꿀 것 같은 상품이에요. 영혼의 동반자처럼.

● 접착 후크

이건 당근마켓에서 옷 같은 거 팔 때 진짜 좋아요. 이걸 흰 벽에 부착해서 옷걸이를 걸고 옷 사진을 찍으면 예쁘게 나와요. 그렇게 팔면 훨씬 잘 팔려요. 크기도 크지 않아서 도드라지지도 않고 못을 안 박아도 되니까 너무 편하더라고요. 이건 되게 유용하게 쓰고 있어요. 근데 무게를 버틸 수 있는 게 좀 한계가 있어서 너무 무겁게 걸면 떨어지긴 해요.

● 그릇류

그릇들이 진짜 너무 좋아요. 지금도 되게 잘 써요. 메이드 인 차이나라고 쓰여 있긴 한데 내구성이 좋아서 꽤 오래 쓸 수 있기도 하고, 그릇들 산 이후로 플레이팅도 훨씬 예뻐졌어요. 파스타 같은 걸 그냥 일반적인 넓은 그릇에 담을 때보다 이 볼에 담으면 예뻐 보여서 인스타그램에 올리기도 좋고, 샐러드 볼 같은 경우는 샐러드 막 섞어 먹기에 높이가 적당해서 편하고 가벼워요. 일상에서 쓰기가 너무 편한 것 같아요. 제가 회사 다닐 때도 플레이팅 같은 거 할 일이 있으면 다이소에서 소품을 많이 샀었거든요. 제가 만족을 했기 때문에 이런 건 추천도 하고 선물도 하고 그러는 편인 것 같아요. 친구가 자취를 새로 시작할 때도 컵이나 커트러리 같은 거 다이소에서 많이 사다 줬어요.

● 다시백

원래는 멸치 우리고 무 우리고 이런 용도긴 한데, 여기에 퍼프를 넣어 다니면 좋다 그래서 여행 갈 때 퍼프 넣어 다니는 용도로 쓰고 있어요. 여행 짐 쌀 때 퍼프를 그냥 보관하면 세균

같은 게 생길 수 있는데 이게 통기성이 좋아서 세균도 번식하지 않고 다른 물건이랑 닿지 않게 보관할 수 있다고 해서 샀어요. 블로그 같은 데서 서핑하다가 다이소 꿀팁이라고 봤던 것 같아요. 원래 용도랑 퍼프 넣는 용도 두 가지로 다 쓸 수 있어서 편하고 좋아요.

다이소 외에 이런 상품들을 살 만한 곳이 있다면 어디일까요?

근데 진짜 이런 것들은 다이소라서 사는 거고 다른 데서는 잘 안 사는 것 같은데, 만약에 산다고 가정을 한다면 생각나는 브랜드는 자주JAJU요. 제 기준에서 자주는 필요한 게 있을 때 가는 것 같고 다이소는 필요한 게 없어도 찾아갈 수 있는 곳인 것 같아요. 자주에 가는 건 도마라든가 커트러리 같은 게 좀 정식으로 필요할 때인 것 같고 다이소는 필요한 것 말고 다른 것들도 구경하고 싶을 때, 아이쇼핑의 목적도 충족하기 위해서 가는 곳? 재미는 아무래도 다이소가 훨씬 있어요. 자주는 재미는 없어서. 그리고 아무래도 다이소가 가격 면에서 부담이 없고 매장도 많아서 접근성이 좋고 편해요. 트렌드도 그때그때 반영을 많이 하는 것 같아요. 상품들이 은근히 매번 바뀌고 그래서 굳이 다른 데 갈 필요가 없다는 생각?

누군가에게 다이소 상품을 선물로 주는 것에 대해서 어떻게 생각하나요?

다이소에 선물 포장 용품도 많잖아요. 그래서 다이소에서 선물 포장 박스를 사서 친구 생일 선물을 넣어 줬었는데 저는 "다이소 아니야?" 이럴 줄 알았거든요. 근데 너무 좋아하는 거예요. 나중에 집들이에서 선물 나눠 주기할 때 그 박스를 재활용하더라고요. 그래서 마음에 들었나 보다, 이런 생각이 들었어요. 사람들이 다이소 물건이라고 해서 꼭 별로라고 생각하지는 않는 것 같아요.

본인이 누군가에게 선물을 받는 경우라면 어떨까요?

저는 좋아요. 일상에서 그냥 "너 생각나서 샀어." 이렇게 주는 건 너무 고맙죠. 본인 마음에만 든다면 그냥 잘 간직하고 가지고 다닐 수 있는 것 같아요. 그게 나한테 필요한 거면 특히 더 좋을 것 같아요. 내 돈으로 사긴 뭐한 걸 선물로 받았을 때가 제일 좋잖아요. 그래서 나한테 필요한 물건일 때 다이소 물건이면 괜찮을 것 같아요. 그냥 이렇게 불시에 선물로 주는 건 괜찮은 것 같고…… 근데 이제 경조사의 비중은 좀 다르지 않을까요? 중요한 날은 또 중요한 물건들이 있겠죠.

다이소에서 상품을 살 때, 상품 한 개당 얼마부터 비싸다는 생각이 드나요?

다이소 기준으로는 8천 원이요. 매장 분위기가 아무래도 저렴한 상품들 위주다 보니까 5천 원까지는 살 만한데 싶고 8천 원 정도 되면 비싸게 느껴질 것 같아요.

다이소에서 한 번 쇼핑할 때 지출한 금액 중 가장 큰 액수와 가장 작은 액수는 각각 얼마인가요?

> 제가 저렴한 것 위주로 좀 사다 보니까 최대는 2만 5천 원? 최소는 1천 원이요.

주로 어느 정도 금액대의 상품을 많이 구매하나요?

> 3천 원인 것 같아요. 뭔가 너무 별로이지 않으면서 적당히 이 정도면 품질이 괜찮겠다 싶은 가격이 3천 원 정도라고 느껴져요, 인식이.

다이소 상품의 질은 어떻다고 생각하나요?

> 물건에 따라 다르기는 한데 전체적인 만족도는 한 70~80% 정도 되는 것 같아요. 일단 미리 평을 찾아보고 사는 경우가 좀 있어서 구매했던 것 중에는 웬만하면 가성비 떨어진다고 생각했던 상품이 없는 것 같고, 워낙 싸다 보니까 가격에 비해 성능이 떨어진다는 느낌은 잘 안 드는 브랜드인 것 같아요.

다이소의 디자인을 상중하로 평가한다면 어떤가요?

> 매장 디자인은 중, 상품은 중상? 정도인 것 같아요. 우선 매장은 요즘 사람들이 좋아하는 감성이 있는 건 아닌 것 같아요. 아무래도 라이프 스타일 숍 하면 자주나 무인양품 같이 좀 더 가격대가 있으면서 깔끔하고 통일된 분위기가 있잖아요. 근데 다이소는 매

장에 이렇다 할 분위기가 없기 때문에 인스타그램에 업로드를 하고 싶은 느낌은 좀 떨어지는 것 같아요. 그래서 더 친숙할 수도 있긴 하지만요. 그리고 로고도 요즘 분위기 같지 않게 둥글둥글한 폰트고 좀 변화가 없는 느낌?

상품은 그냥 딱 볼 때 괜찮다는 느낌이 들고, 특히 저는 리빙용품 쪽이 괜찮은 것 같아요. 마감도 깔끔하고. 완구, 캐릭터 쪽은 좀 귀여운 게 잘 팔리니까 그런지 되게 아기자기하고 좀 어린 느낌, 유아스러운 느낌의 상품들이 많은데 리빙은 깔끔한 거 위주에 좀 독특한 거 몇 개, 이런 식으로 비율을 달리해서 두는 것 같더라고요. 그래서 한마디로 그냥 대중적인 느낌이 들어요.

매장 직원들에 관해서는 어떻게 생각하세요?

항상 상품 정리를 하고 계시는 것 같아요. 제가 혼자 물건을 찾다가 안 되겠다 싶을 때는 여쭤보는데 눈맞춤을 잘 안 하고 바쁘게 말씀해 주시고 지나간다고 해야 되나? 친절하시긴 한데 항상 바쁘시다는 느낌이 있다 보니까 말 걸기 힘들다는 생각이 들어요. 그냥 최대한 말을 안 걸어 드려야겠다 이런 생각. 그리고 다이소는 워낙에 물건이 많다 보니까 설명이 원하는 만큼 정확하게 돌아오지 않는 경우가 있는 것 같아요.

1부터 5까지로 평가한다면 다이소 매장 이용 시 직원 의존도는 어느 정도인가요?

3이요. 그분들이 물건 분류랑 정리는 계속 해 주시기 때문에 그

> 역할이 크다 보니까 3인 것 같고, 채워지지 않는 2는 이런 서비스의 문제?

다이소에 관한 키워드 세 가지를 떠올린다면 무엇일까요?

> 친숙함, 가성비, 귀여움. 브랜드 이미지 자체가 대중적이면서 파는 상품이 친숙하고, 브랜드 콘셉트가 가성비잖아요. 그리고 상품들이 보통 아기자기하고 PB상품들, 캐릭터 상품들이 되게 귀여운 디자인 위주다 보니까 귀여움이라는 생각도 요즘 많이 들더라고요.

만약 다이소에 관해 들어본 적 없는 사람에게 다이소를 설명한다면?

> 일본에 있는 '돈키호테'랑 비슷한 느낌? 다이소를 모르는데 돈키호테를 알까 싶지만…… 돈키호테도 캐릭터 상품이 많은 동시에 생필품 위주잖아요. 그래서 만약에 돈키호테를 안다고 가정하면 한국판 돈키호테라고 할 것 같아요. 그리고 같은 맥락에서 외국인 관광객들한테도 구경시켜 주기 좋은 장소가 아닐까 싶어요.

다이소에 바라는 점이 있나요?

> 브랜드 이미지가 조금 더 젊어졌으면 좋겠어요. 자주나 무인양품처럼 감성 위주로 하면 좀 더 이미지가 높아지지 않을까? '다이소 물건이네' 이런 말이 없어지지 않을까? 이런 생각이 들어요. 브랜드에 더 가치가 있어 보이게끔. 저는 다이소를 좋아하는 사람이

지만, 아닌 사람들은 다이소에서 물건을 샀다고 자랑하거나 다이소 물건을 생일 선물로 주지는 않잖아요. 근데 자주에서는 파자마를 사서 주거나 식기를 사서 주거나 이럴 텐데, 그게 가격 차이보다도 이미지 차이가 있다고 생각해요. 물건만 봤을 때는 "이거 어디서 샀어? 예쁘다." 이랬는데 "다이소에서 샀어."라고 얘기하면 "다이소야?" 하는 사람들이 더러 있거든요. 이게 의외라는 거잖아요. 그래서 다이소는 약간 그런 느낌인가 해서…….

다이소에 관해 검색을 해 본 적이 있나요?

네. '다이소 택배 상자' '다이소 택배 캡' '다이소 보석 십자수' '다이소 수채화 물감' 이런 식으로 이게 다이소에 파는 물건인가 할 때 주로 검색을 하게 되는 것 같아요. 없을 수도 있는 물건이다 싶을 땐 네이버 블로그나 카페에 검색을 먼저 해 봐요. 그렇게 검색했을 때 다이소에 있다고 하면 근처 다이소에 가는데 매장이 작을 경우에는 그 상품들이 없기도 하죠. 주로 일상 글에 그런 키워드가 들어가 있기 때문에 어느 매장인지는 안 나오니까 이렇게 허탕치게 되는 경우가 많은 것 같아요. 한 1~2주 전에 인터넷에 쳐 봤을 때 '다이소에서 보석 십자수를 샀어요' 이 문장만 막연하게 발견해서 모험을 시작하게 됐는데 매번 없으니까…… 보이는 데마다 들어가서 "사자!" 하는데 아직도 못 찾았어요. 어느 매장에 있는지를 알면 바로 거기로 갈 텐데.

오직 다이소에서만 할 수 있는 경험이 있다면?

> 모든 카테고리의 물건을 다 사는 건 다이소에서만 할 수 있지 않을까요? 다른 데는 가격이 비싸니까. 부담 없이 살 수 있는 느낌?

온, 오프라인을 막론하고 다이소와 비슷한 브랜드로는 무엇이 있을까요?

> 돈키호테. 국내에서는 없는 것 같아요. 좀 독자적인 것 같아요. 아무래도 노선이 다르다고 해야 하나, 다른 데는 감성 숍에 가깝고 여기는 진짜 너무 필요한 물건들이 있을 때 가는 데니까요.

누가 뭐래도 실속만점

배우자와 모친, 형제들과 함께 살고 있는 50대 남성 직장인 심정곤 씨는 각종 생필품 구매를 위해 다이소를 즐겨 찾는다. 평소 주 3회 정도 다이소를 방문하며, 무엇보다 양질의 물건을 저렴하게 구매할 수 있다는 점에 큰 매력을 느낀다. 간혹 흥미로운 기능이 있는 상품을 발견하면 큰 부담 없이 구매해 보기도 한다. 그러나 그와 달리 함께 거주하는 가족들은 다이소 상품에 대한 선호도가 낮은 편이다.

○

평소 어떤 소비 습관을 갖고 있나요?

요즘에는 식료품 사고, 소모품 사고, 집에서 사용하는 거 사고, 그 정도 외에는 특별히 사는 게 없어요. 가급적 소모품은 그때그때 사려고 하고 식료품만 좀 여유 있게 사고요. 옷이나 구두 같은 걸 살 때는 생각을 많이 하고 사니까 고민하는 시간이 긴데 생필품이나 소모품은 그럴 필요가 없으니 요즘 물건 고르는 시간은 짧은 편인 것 같아요. 그리고 보통 온라인보다는 오프라인에서 물건을 사는데, 온라인은 기다려야 하잖아요. 택배가 왔을 때 집에 제가 없으면 직접 못 받는 것도 좀 그렇고, 택배가 언제부터인가 좀 불친절해졌어요. 기간도 하루 이틀 걸린다고 해 놓고 3~5일씩 걸릴 때도 있고, 어떨 때는 물건을 놓고 휙 가 버리는 게 불편하기도 해서 나가서 직접 사는 경우가 많아요.

물건을 주로 어디에서 구매하는 편인가요?

홈플러스 익스프레스, 이마트, 다이소, 롯데홈쇼핑, 롯데슈퍼 순으로 자주 이용합니다. 일단 홈플러스는 가격 할인 행사도 많고 집에서 가까워요. 식료품 위주로 물건 수도 많고 회전율도 적당하고요. 저녁 8시에 가면 50~70% 할인 판매를 하기 때문에 그런 건 좀 넉넉하게 사는 편이에요. 이마트에서는 노브랜드 식료품을 많이 사고요. 커피 같은 건 2L짜리가 3,480원이거든요. 최저가예요. 최근에는 먹는 것만 샀는데 양말이나 러닝셔츠, 가끔 옷가지만 원짜리, 5천 원짜리 이런 것들은 이마트에서 많이 사요.

그렇군요. 다이소는 어떤가요?

다이소는 일단 값이 저렴해서 그거 때문에 많이 가요. 예를 들어서, 건전지 같은 게 일반적인 가격의 1/4 정도로 굉장히 싸요. 같은 플라스틱 휴지통이나 바인더 이런 것도 반값 정도예요. 보통 물건이 싸면 내구성이 약해서 깨지거나 못 쓰거나 그러는데 물건에 하자가 있었던 적도 지금까지 거의 없어서 많이 가는 편이고요. 집에서 일상적으로 쓰는 건전지, 쓰레기통, 바인더, 형광등, 컴퓨터 주변 기기 있잖아요. USB나 멀티탭 그런 거 사 옵니다. 펜치, 못, 그릇 같은 거. 자잘한 몇천 원짜리는 다이소에서 많이 삽니다. 오다가다 운동 삼아 한 번씩 가서 둘러보면서 몇천 원짜리 하나 사고 그래요. 주에 서너 번씩 가나? 취미생활이죠, 그것도 일종의.

상품을 구입할 때 중요하게 생각하는 것은 무엇인가요?

경제성, 내구성, 그리고 기능의 확장성을 중요하게 생각해요.

기능의 확장성은 무엇을 의미하나요?

좀 재미난 기능이 있는 것들이 가끔가다 있어요. 예를 들어, 옛날에 영화를 보려고 하면 극장 가서 보든지 DVD로 많이 봤지만 요즘은 노트북으로 보거든요. 천 원, 2천 원짜리 조그마한 물건인데 연결 단자가 몇 개가 달린 물건이 있어요. 그게 있으니까 SD 카드, USB 다 연결되더라고요. 이런 걸 보고 기능의 확장이 대단하다는 그런 느낌이 들었어요. 다이소도 이마트도 가면 전자상품 코너 쪽에 위에 가격이 쓰여 있고 그림이 있어요. 갈 때마다 자세히 보는데 재미난 물건이 있으면 한 개씩 사기도 합니다.

경제성, 내구성, 기능의 확장성 세 가지 중에서 가장 중요한 건 무엇인가요?

아무래도 경제성이죠. 어떤 물건을 샀는데 금방 고장이 나서 다른 데 봤더니 몇백 원 싼 게 있고 그러면 기분이 나쁘더라고요. 그래서 싸면서 튼튼하고 기능 좋고 그런 거를 사자는 관점이 생겼습니다.

지금 다이소 매장 한 곳을 떠올려 본다면 생각나는 곳이 있나요?

집 뒤가 고려대학교거든요. 고려대학교 옆에 2층짜리 다이소가 하나 있어요. 거기가 좋습니다.

왜 그곳이 떠올랐을까요?

일단 거리상 가까워서 편하니까 제일 많이 가기도 했고, 거기가 또 친절해요. 물건도 풍부한 편이라서 거기 갔다가 물건이 없어서 못 산 경험은 없었어요.

그 매장 주변의 분위기는 어떤가요?

대학가 주변이라서 좀 밝고 깨끗하고 학생들이 많아요. 학생들이 많아서 되게 좀 역동적이에요. 그 동네 오래 살았는데 그쪽이 옛날에는 개발이 안 됐어요. 그랬는데 십수 년 사이에 개발이 돼서 브랜드 매장도 많고 소비 점포도 많고 슈퍼도 있고 그래서 깨끗해요.

다이소 매장은 주로 주에 몇 번, 언제, 누구와 함께 방문하나요?

일주일에 두세 번 정도요. 주로 평일에 한 번, 주말에 한 번 저녁 시간에 혼자 갑니다.

저녁 시간에 방문하는 이유가 있나요?

TV를 잘 안 보거든요. 저녁 시간에 트위터나 페이스북 같은 SNS를 많이 하는데 그것도 좀 따분해져서 한 번씩 나가서 걸어 보려고요. 얼마 전까진 겨울이라서 잘 못 했는데 이제는 날씨도 좋아서 가는 길에 좀 걷고 구경 다니고 시간을 소진하려고요. 한 번 가면 한 시간까지는 안 되고 40~50분 그 정도 있다 와요.

매장 내부를 떠올릴 때 생각나는 것들을 말해 주세요.

> 1층에는 핸드폰, 인터넷 관련된 것들이 쫙 있고요. 가운데에는 문구류 계통이 쫙 있고요. 사무용품, 문구류 이런 게 있고 카운터 있고 그 옆에는 전자제품, 화장품 같은 거 있고 그렇게 되어 있어요. 2층은 조금 길게 쓰는 것들, 플라스틱으로 된 물건 같은 거 있고 음식도 있고요. 자동차에 쓰는 물건들 있고 화학 제품도 있고 그릇이나 식기도 있는 거 같고 칼이니 펜치니 이런 것도 있고요. 그런 거 쭉 다 있어요.

매장에 들어가면 어떤 느낌이 드나요?

> 딱 들어가면 밝고 좀 왁자지껄한 거 같아요. 시끄럽진 않은데 사람들이 많으니까 사람들 통과하다 보면 부딪히고 그래요. 생동감이 있고 경쾌한 거 같아요.

매장에 들어가면 가장 먼저 어디로 향하나요?

> 휴대폰 관련 물건 있는 코너를 우선 훑어보고요. 대개는 가운데 코너가 제일 많이 쓰는 물건이에요. 건전지나 연필깎이, 펜 같은 거, 스테이플러 그런 거. 거의 거기에서 끝이 나요. 살 거는 거기에서 끝이 나는데 그다음에 2층에 올라가서 보면 물건들이 되게 예쁜 게 많아서 살 만한 게 있나 둘러봐요. 과자 같은 거 하나 사고 플라스틱 물건이나 도구 같은 거 중에서 살 거 있으면 사고 그렇게 합니다.

매장을 둘러볼 때 이동은 편리한가요?

> 편해요. 물건도 잘 구분되어 있고 사람이 많은 데 비해서 부딪히거나 힘들거나 그런 건 없어요. 근데 1층은 코너가 한쪽 벽에 붙어 있고 가운데에 물건 매대가 있고 카운터가 두 군데 있거든요. 약간 좁아요. 혼자 있으면 상관이 없는데 두 명이 오고 가고 할 때는 살짝 부딪혀요.

구매해야 할 물건이 있어서 방문하는 경우와 목적 없이 들르는 경우의 비율은 어느 정도인가요?

> 비슷합니다. 반 정도는 사실상 살 게 없는데 구경하러 가고 반 정도는 뭐든지 살 거를 정해서 가서 그거 사고 그렇게 하죠. 건전지, 스테이플러, 볼펜, 물티슈처럼 정기적으로 사는 물건이 있어요. 건전지 제일 많이 사고요. 그 외에는 둘러보면서 재미 삼아 사는 게 있죠. 그릇 같은 거나 통 같은 거. 이런 것들은 재미 삼아 사는 데도 꾸준히 쓰게 되더라고요.

가장 최근에 다이소를 방문했던 경험을 이야기해 주세요.

> 지난주에 갔는데 건전지 샀어요. 건전지를 집에서 많이 쓰는데 그렇다고 많이 사 놓지는 않아요. 그리고 과자랑 계산기 조그마한 거 샀어요. 펜 예쁜 게 하나 있어서 사고 집에 있는 노트북 선이 잘 안 돼서 그거 한 개 샀습니다.

만약에 그날 다이소가 문을 닫았다면 어떻게 했을 것 같나요?

> 그러면 거의 이마트에 가죠. 이마트 가는 거리가 다이소 가는 거리의 두 배 정도 돼요. 저녁 시간이었다면 한 바퀴 운동 삼아 돌아서 이마트로 갔을 것 같네요. 슈퍼들이 폭리를 취하고 불친절하고 그래서 집 근처에도 슈퍼가 여러 군데 있지만 딱 정해 놓고 사는 품목이 아니면 아예 거래 안 해요.

다이소의 쇼핑 경험을 상품 찾기, 둘러보기, 구매 여부 결정하기, 결제하기의 4단계로 나눴을 때 걸리는 시간 순으로 나열해 본다면?

> 둘러보기, 상품 찾기, 구매 여부 결정하기, 결제하기 이렇게요.

둘러보는 시간은 보통 얼마나 걸리나요?

> 새로운 거 들어왔나 보고 시간 때우는 거라서 30분 정도 걸려요.

매장에서 필요한 상품을 찾는 것은 어떤가요?

> 지금은 거의 다 외우고 있어서 물건 찾기가 어렵진 않지만 워낙 품목이 많아서 복잡하긴 해요. 물건이 좁은 공간에 빽빽하게 있어서 물건 찾기가 좀 불편하고 시간이 좀 걸려요. 다이소 많이 안 다니는 사람들이나 다른 매장을 주로 갔던 사람들은 오면 어디에 뭐가 있냐고 묻는 경우가 꽤 있어요. 저도 옛날에 몇 번 물어봤는데 종업원이 다 기억하고 있어서 바로 알려 주더라고요.

평소 익숙한 매장이 아니라 다른 매장에 가면 원하는 상품을 어떤 방식으로 찾나요?

> 들어가서 코너 보이는 게 있잖아요. 다이소 오래 다녀서 코너 카테고리 같은 게 대충 머리에 들어 있어요. 어디에 뭐가 있겠다고 생각하면 거의 다 맞혀요.

다이소 매장의 상품 배치에 대해서 어떻게 생각하나요?

> 워낙 품목이 많고 물건을 빽빽하게 진열해 놔서 조금 불편하긴 한데 값싸니까 이해는 하죠.

조금 불편한 느낌이 있군요.

> 네, 조금 불편해요. 대형 마트나 백화점 같은 데는 가면 널찍해서 공간을 구경할 수가 있어요. 근데 다이소는 구경하기가 조금 불편하죠. 빽빽하게 있으니까요. 그거를 어떻게 좀 시각적으로 딱딱 보기 좋게 했으면 좋겠다는 생각은 했었어요.

결제할 때 무인 계산대와 직원 계산대 중 어느 쪽을 선호하나요?

> 저는 직원하고 해요. 그냥 습관적으로 별 이유는 없는데, 그게 편해요. 사람하고 물건 주고받으면서 대화하는 그런 게. 그리고 제가 카드를 안 갖고 다녀서 무인 계산대는 거의 안 써 봤어요.

다이소 멤버십을 사용하나요?

> 멤버십 그런 거를 좀 안 좋아해요. 별 이유 없는데 멤버십, 포인트 이런 거 안 좋아해서 다이소도 할 수 없이 떠밀리듯이 가입했는데 거의 안 씁니다. 별로 안 좋아해요.

지금까지 다이소에서 주로 어떤 물건을 구매했나요?

> 문구, 사무, 전자용품, 건전지 이 순서 다음에 휴지통, 옷 담는 함, 해머나 집에 있는 형광등 그런 거, 도구 같은 거 망치, 스패너, 못 이런 거 샀고요. 조금씩 붙이는 벽지 있잖아요. 이것저것 다양하게 샀어요. 방향제나 모기약 같은 것도 샀고 수건, 그릇도 샀어요. 프라이팬도 사 봤고요. 그런 거는 거의 안 쓰는데 값이 싸니까 혹시나 해서 한두 번 산 적이 있어요.

다이소가 아니라면 그런 상품들을 어디에서 구매할 건가요?

> 만약에 산다고 하면 이마트로 가는데 이마트는 가격이 두 배 정도 비싸요. 지금 얘기한 상품들은 조금이라도 더 싼 데가 있는지 봐서 산 것들이에요.

구매하는 입장에서 이마트와 다이소는 어떤 차이가 있나요?

> 이마트에 가면 훨씬 종류가 더 많으니까 가격이나 이런 거를 비교해 볼 수 있죠. 이마트에는 한 품목당 종류가 많고 막 100개씩 걸려 있으니까 그거를 보는 재미도 있는데, 다이소는 종류가 두

개 정도만 있고 한 상품이 다섯 개 정도만 걸려 있거든요. 그래도 다이소는 필요한 거를 사기엔 훨씬 편하죠. 시험 보는 데 OX 퀴즈가 편하지 오지선다는 다 봐야 하잖아요. 그러니까 다이소는 OX 퀴즈죠. 두 종류 중에 하나 딱 고르면 되고 물건도 딱 필요한 만큼만 있어요.

오히려 선택지가 적은 게 편할 때도 있군요.

그렇죠. 이마트는 아무래도 가면 대량 구매하게 되고 다이소는 한 개씩 사고요. 이마트를 가게 되면 건전지 만 원짜리 스무 개씩 큰 거를 사야 하는데 그거는 안 사죠. 그거 언제 다 쓰게요.

구매했던 상품 중에 가성비가 가장 좋다고 생각했던 상품은 무엇인가요?

건전지요. 그거 만약에 이마트에서 사면 대용량 스무 개가 1~2만 원씩 하거든요. 저도 확실한 거는 아닌데 건전지는 그냥 놔둬도 힘이 약해진다고 해서 필요할 때만 사거든요. 이상하게 여러 개 사면 아깝기도 하고요. 그 천 원짜리 건전지 사러 갈 때가 제일 많은 것 같아요. 집에 알게 모르게 건전지 들어가는 데가 많아요. 전자레인지에도 들어가고 시계에도 들어가고 계산기에도 들어가고 TV 리모컨에도 들어가고. 근데 써 보니까 그건 확실히 있어요. 사용 기간은 좀 짧아요. 슈퍼에서 건전지 3천 원짜리를 넣으면 1년 가거든요. 다이소 건전지를 넣으면 6개월 가요. 그래도 다이소는 건전지는 천 원에 두세 개씩이니까 그거를 다 따지면 상관없는 거 같아요. 다 따져도 값이 한 서너 배 차이가 나요.

구매했던 상품 중 사용하기 불편했던 것이 있나요?

불편한 건 없어요. 기능적으로나 내구성으로는 완벽해요. 부서지거나 깨진다거나 그런 거는 지금까지 못 봤어요. 근데 막상 사 놓고 쓸데가 없는 것들은 있죠. 예를 들면 커피 내리는 거요. 컵하고 커피 드립 종이가 세트인데 예쁘고 값이 저렴해서 샀는데 쓸데가 없어요. 결국 그거 쓰려면 커피를 사서 해야 하는데 돈도 많이 들고 귀찮고 해서 안 써요. 다이소 물건 중에 그런 물건들이 좀 있어요. 얼핏 보면 기능이 다 있는데 막상 사면 쓸데가 없어요. 예쁘고 귀여우니까 사고, 뭔가 쓸모가 있겠지 하고 샀다가 그냥 쌓아 놓는 거죠. 그렇게 내버려 두다가 버릴 때도 있고요.

구매했던 상품 중 사용하기 편리했던 것이 있나요?

다이소 물건 중에서 플라스틱 도구, 휴지통, 함, 그릇 이런 것도 있는데 이건 굉장히 좋은 거 같아요. 그런 거 브랜드 있고 도자기로 되어 있는 상품은 몇십만 원인데, 다이소에서는 3천 원에 팔잖아요. 내가 보기엔 문제없거든요. 근데 그것도 만약에 어머니나 식구들이 보면 그런 거 쓰는 거 아니라고 분명히 얘기하거든요. "그런 거 쓰면 품격이 떨어진다. 남들 봐라. 네가 천 원, 2천 원짜리 인간이냐." 이렇게 얘기가 나와서 그런 거는 나만 써요. 그런 거를 어머니, 동생, 배우자한테 주지는 못해요. 그래도 개인적으로는 값싸고 예쁘고 내구성 있으니 만족해요. 디자인도 밝은색에 단순하고, 편리하고, 잡다한 게 안 들어 있어서 심플하니 좋죠.

추가되었으면 하는 상품군이 있나요?

> 요즘이 아무래도 디지털 IT 시대잖아요. 그러니까 인터넷이나 노트북이나 태블릿이나 모바일 그쪽으로 해서 연구하는 분들이 좀 더 있으면 좋겠어요. 그리고 술 관련된 도구나 아니면 넥타이핀, 버튼 이런 식으로 해서 남성용품도 있으면 좋을 거 같고요. 그런 게 옛날에는 고가품이었어요. 고가품이어서 그거를 안 샀어요. 요즘에는 굉장히 저렴한 게 있어요. 가져오면 잘 팔릴 거 같아요.

다이소를 생각하면 떠오르는 단어 세 가지를 말해 주세요.

> 일본, 생활, 저렴.

'일본'이라는 단어가 가장 먼저 떠오른 이유가 있을까요?

> 다이소라는 말 자체가 일어 느낌이 나고요. 색깔도 빨간색, 하얀색 쓰잖아요. 그리고 처음에 다이소 들어올 때 관심 가졌던 것도 일본에서 들어왔다고 들어서 관심이 있었습니다. 다이소 처음 알 무렵에 해외 브랜드에 관심이 있었어요. 저는 다이소가 일본 브랜드로 처음에 들어왔다고 알고 있는데, 그렇다고 물건을 일본에서 수입하는 게 아니래요. 국내 조그마한 물건 받아서 관리하고 마케팅하는 그런 거를 다이소에서 한다고 하더라고요.

다이소를 모르는 사람에게 다이소를 소개해 준다면?

> 다이소에 가면 양질의 물건을 아주 저렴하게 살 수 있다. 품목이

굉장히 다양해서 필요한 거 사러 왔다가 못 사고 가는 일은 없을 거다. 그렇게 얘기할 거 같아요.

다이소에 바라는 점이 있나요?

지금처럼만 하면 좋을 거 같습니다.

다이소에 관해서 검색을 해 본 적이 있나요?

특별히 검색을 해 본 적은 거의 없는 거 같은데요. 다이소가 유니클로처럼 기사화된 적이 있나 해서 몇 번 본 적은 있어요.

오로지 다이소에서만 할 수 있는 경험이 있을까요?

가벼울 경, 얇을 박, 짧을 단, 작을 소. 경박단소라는 말이 있거든요. 그건 다이소만의 문화인 거 같아요. 지금 경기도 좀 안 좋고 사람들이 실속 있는 거 추구하잖아요. 가성비 있는 거를 추구하는데 그런 게 지금 다이소하고 때가 맞아떨어지는 거 같아요.

1인 가구의 성지

혼자 살고 있는 20대 여성 직장인 김현지 씨. 참새가 방앗간 못 지나치듯 길 가다 다이소를 발견하면 일단 들어가 본다. 1인 가구에 필요한 소용량의 생활용품을 가성비 있게 구매하기 좋아 다이소에 크게 만족하고 있다. SNS에서 유행하는 다이소 상품, 꼭 필요하진 않지만 친구들과 재미있는 시간을 보낼 수 있는 장난감이나 취미용품 구매도 즐긴다.

O

평소 어떤 소비 습관을 갖고 있나요?

> 제가 충동구매가 엄청 심해서 당장 필요하지 않아도 '언젠가 필요하겠지' 하면서 지나가다가 뭘 하나씩 사고 그래요. 특히 금액대가 싸면 그냥 바로바로 사게 되더라고요. 그런데 또 물건을 한꺼번에 많이 사는 편은 아니라서 그것 때문에 제가 다이소를 많이 가요. 마트 같은 데서 사면 칫솔 같은 거 5~6천 원씩 해서 여러 개 팔잖아요. 근데 그런 거는 솔직히 자취하는 입장에서 필요 없으니까 한두 개씩 소분되어 있는 다이소 같은 데서 싸게 자주 사는 편이에요. 온라인에서 사면 편하기는 한데 확실히 직접 가서 물건 크기나 퀄리티 같은 거 직접 보고 사면 훨씬 좋기도 하고, 그냥 아이쇼핑하는 겸 직접 가서 보는 게 좋더라고요.

상품을 구입할 때 중요하게 생각하는 것은 무엇인가요?

> 가격, 양, 품질이요. 양 같은 경우는 혼자 사용할 때 적당할 정도의 양을 생각해서 사고 있어요. 대용량으로 사면 가격은 괜찮은데 결국 버리게 돼서……. 그리고 품질은, 아까 얘기한 이유 때문에 직접 가서 보는 걸 좋아해요. 인터넷으로 보면 좋아 보이는데 막상 직접 보면 '뭐야' 하는 경우가 있어요.

평소 생활 반경에 다이소 매장이 있나요?

> 집이랑 가까운 송정역 앞 다이소를 진짜 자주 가고 있어요. 제가 평소에 걸어 다니는 걸 엄청 좋아해서 하루에 두 번 이상씩은 꼭 10분 넘게 걷는데, 그러다 다이소에 새로운 물건 들어왔는지 보거나 과자 같은 군것질거리 싸게 파니까 그런 거 한두 개씩 사러 자주 들어가요.

다이소를 얼마나 자주 이용하나요?

> 진짜 아무리 적어도 일주일에 3~4번은 가는 것 같아요. 보통 평일에 오픈하자마자 가거나 아니면 마감 시간대에 가요. 혼자 조용히 구경하고 싶은데 확실히 주말에는 사람이 좀 많은 편이라 자꾸 왔다 갔다하니까 방해가 돼서……. 주로 그렇게 혼자 가긴 하는데 같은 회사 동료들이 다 근처에 살아서 가끔 다 같이 가서 사재기하고 올 때도 있어요. 아니면 동료들이랑 휴무 날 맞춰서 놀다가 "우리 카페 갈 때까지 시간 좀 남는데 그냥 다이소 한번 들르자." 이래서 거기서 또 볼펜이라도 하나 사서 나오고 그래요.

매장에 사람이 많을 때는 어떤 점에서 방해가 된다고 느껴지나요?

> 일단 제가 뭘 보고 있는데 자꾸 앞에서 막 지나가거나 제 앞에 서서 그 물건 집어가고 이러면 '나 그거 사려고 했는데' 싶으면서 좀 당황스럽고, 아이들 막 뛰어다니고……. 보통 다이소 매장하면 커다랗게 몇 층씩 있는데 송정역에 있는 건 지하에 단층 매장이어서 통로 간격도 좁은 편이라 겨울에 롱패딩 입은 사람 두 명이 걸

어 다니면 많이 껴요. 또 계산할 때 줄도 길게 서야 하는 게 좀 그래요. 지점이 좀 작아서 그런지…… 발산역 지점은 셀프 계산대가 있었거든요. 키오스크가 3~4대 있어서 편했는데 송정역 지점에는 없어서요. 캐셔만 한 분 계셔서 많이 기다려야 돼요.

다이소 매장에 들어가면 가장 먼저 어디로 향하나요?

일단 생필품 쪽으로 가는데, 바로 들어가자마자 '이달의 상품' 이런 것들이 좀 잘 보여서 한 바퀴 둘러보고 수공예 쪽 가서 뭐 살 거 있나 한번 둘러보고…… 그렇게 다 돌고 나면 그제서야 먹거리 쪽으로 가서 음식들 좀 사고 양말 필요하면 양말 좀 사고, 그렇게 해요.

일반적으로 다이소 매장의 상품 배치는 어떻다고 생각하나요?

개인적으로 만족은 하는데, 제가 갔던 다이소 지점이 여러 곳이거든요. 쌍문점이랑 수유점, 노원점, 송정점, 발산점 이렇게 5개는 최소 10번 이상씩 간 매장들인데, 그 매장들만의 특성인지 모르겠지만 배치를 한 달에 한두 번씩 바꾸더라고요. 그래서 '예전에 이거 여기 있었지' 하고 갔는데 없어서 "이거 어디 갔어요?" 여쭤보면 "이거 시즌 바뀌어서 반대쪽으로 옮겼어요." 이런 경우가 많아서 그것만 아니면 좋을 것 같아요.

다이소에 구매할 상품이 있어서 방문할 때와 목적 없이 방문할 때, 두 가지 경우의 비율은 어느 정도인가요?

> 그냥 들르는 게 7 정도고, 필요해서 가는 게 3 정도요.

가장 방문했던 이유는 무엇인가요?

> 어제 같은 경우에는 살게 있어서 간 거였는데, 집에 세제가 떨어져서 세제 사러 갔었어요. 빨래 세제랑 퐁퐁. 어제도 들어가서 이달의 상품 먼저 새로 나온 거 있나 봤는데 포스트잇 같은 게 있더라고요. 그래서 '오' 하고 구경했는데 사진 않았고 (웃음) 생필품 쪽으로 가서 양모 펠트 만들기 세트 한 번 더 하려고 사고, 혹시 플라스틱 용기 필요한 거 있나 한번 둘러봤다가, 비 온다는데 우산 살까 하다가 안 사고 그대로 잡화 쪽으로 넘어와서 과자 할인 매장에서 파는 것 같은 1천 원에 좀 양 많은 과자들이 있거든요. 그거 사고, 다이소에서 파는 작은 햇반도 하나 사고 퐁퐁이랑 세제도 다 사고…… 1만 5천 원 이상 나왔어요.

만약 그날 다이소가 문을 닫았다면 어떻게 했을 것 같나요?

> 문을 닫은 적이 없긴 한데 예전에 이 지점이 생기기 전에는 발산점까지 걸어가거나 아니면 그냥 바로 옆에 롯데마트 갔었어요. 근데 다이소가 확실히 물건이 저렴하고 가격에 비해 퀄리티가 정

말 정말 좋아요. 같은 상품이더라도 다이소가 훨씬 싸게 파는 게 많아서 되도록이면 다이소에 가려고 해요. 퀄리티가 대기업 퀄리티는 못 따라가는데 대기업은 그만큼 가격대가 있는 대신 다이소는 훨씬 싸니까요.

다이소에 방문했을 때 구매까지 하고 나오는 경우는 몇 퍼센트 정도인가요?

70%요. 웬만해서는 다 사고 나오는데 월급 전날이거나 아니면 여러 사람들이랑 다 같이 구경 갔을 경우에 저 하나 계산한다고 다 같이 줄 기다리는 게 좀 그래서 '이따 와서 다시 사야겠다' 하고 그냥 나오는 일이 종종 있어요.

구매하려고 했던 품목이 아닌데 구매한 경우도 있나요?

너무 많아요. '진짜 오늘은 꼭 쓸모 있는 것만 사자' 이러고 갔는데, 거기에 장난감 코너도 있잖아요. 괜히 친구 놀리려고 막 공주 세트 이런 거 사가거나, 아니면 친구들끼리도 할 게 없으니까 저희가 진짜 유치해서 색칠 공부 사서 다 같이 집에서 그런 거 색칠하고…… 이렇게 쓸모없는 거 많이 사요.

셀프 결제와 점원 결제 중 어떤 것을 선호하나요?

저는 혼자 빠르게 계산하는 걸 좋아해요. 근데 저는 편하다고 생각하지만 좀 나이 있으신 분들은 이해하기 힘들 것 같아요. 바코드도 다이소에 두 종류가 있는데, 약간 QR 같이 생긴 네모난 거랑 그냥 바코드가 있어요. 근데 또 어떤 건 네모난 걸 찍어야 되고 어떤 건 그냥 바코드를 찍어야 되더라고요. 근데 나이 드신 분들이 그걸 모르셔서 이거 왜 결제 안 되냐고 헤매시는 경우가 많아서 그런 것만 개선하면 좋을 것 같아요.

결제할 때 다이소 멤버십을 이용하나요?

제가 정말 정말 자주 가지만 멤버십 가입을 안 했어요. 적립률도 낮다고 들었고 그걸 가입하러 들어가는 과정이 너무 귀찮아서 안 했는데 지금 생각해 보니까 10년 가까이 써서……. 그냥 할 걸. 아무리 낮았어도 최소 1만 원은 쌓이지 않았을까요.

보통 매장에 머무는 시간은 어느 정도인가요?

최소 10분부터 시작해서 좀 매장이 큰 3~4층짜리 그런 데는 진짜 30분 이상씩 머물러요. 저 혼자 가면 3~4층도 한 20분 만에 끝날 수 있는데 친구들이랑 가면 괜히 막 왕관 같은 거 서로 씌워 주고, 누르면 소리 나는 닭 같은 거 눌러 보고, 이상한 모자 쓰고, 이런 식으로 놀다 보니까 좀…… (웃음)

다이소를 이용하면서 기억에 남는 일이 있나요?

두 개가 있는데, 하나는 송정역 지점이 막 개장하고 좀 지나서가 아마 밸런타인 데이쯤이었는데 완전 초등학생 저학년처럼 보이는 애들이 초콜릿을 만들려는지 초코펜을 사려는데 돈이 부족했나 봐요. 그래서 그냥 "그거 언니가 사 줄게." 해서, 어차피 천 원밖에 안 하니까 그걸 사 줬던 기억이 있어요.

그리고 이건 쌍문점 이야기인데, 제가 하드렌즈를 꼈던 시절에 렌즈가 눈에서 튀어나와서 빽빽한 꽃 코너 사이에 빠진 거예요. 그래서 '망했다, 이거 어떡하지' 하고 찾으려고 하는데 쌍문점은 특이하게 그 꽃 코너가 계단 올라가는데 둘러져 있거든요. 하필 주말인데다 계단이라 사람이 계속 왔다 갔다 거리더라고요. '이거 하드렌즈 비싼 건데 엄마한테 혼나겠다. 어떡하지' 이러면서 너무 슬퍼서 울고 있으니까 직원분이 오셔서 따로 바리게이트 같은 거 쳐서 손님들 못 지나가게 하고 화분 하나하나 들어서 결국 찾아 주셨어요. 진짜 너무너무 감사해서 엄마한테 말하고 박카스 사서 다이소에 갔는데 그분은 이미 그만두셨더라고요.

다이소의 온라인 쇼핑몰은 이용해 본 적이 있나요?

구경은 몇 번 해 봤거든요. 근데 산 적은 없어요. 예전에 트위터에서 유행했던 건데, 달걀 삶을 때 이게 완숙인지 반숙인지 알 수 있는 상품이 있었거든요. 이걸 제가 너무 사고 싶어서 도봉, 쌍문, 수유, 창동 이런 데 다 돌아다녔는데 없는 거예요. 안 되겠다 싶어서 온라인으로 들어갔는데 그것마저 품절인 거예요. '온라인에도 없네' 하고 포기했었는데, 그때 딱 한 번 들어가 봤어요. 뭔가 개인적으로 다이소는 직접 가서 보는 재미가 있다고 생각해서 온라인은 이렇게 품절 대란 상품 찾으려고 하는 게 아니면 웬만해서는 잘 안 쓰게 돼요.

다이소에서 주로 구매하는 상품은 무엇인가요?

> 보통 쓸모 있는 거로는 생필품. 그릇이나 숟가락, 칼 같은 거, 곰팡이 제거제 뭐 이런 거 사고, 쓸모없는 거로는 군것질거리나 양모펠트, 뜨개실, 색칠 공부 같은 그런 취미 용품들을 사고 있어요.

다이소 외의 판매처에서도 그런 상품들을 구매하나요?

> 살 수는 있는데 굳이 가서 사지는 않아요. 왜냐하면 거의 비슷한 퀄리티에 다이소는 가격이 1천 원, 2천 원인데 다른 데는 8~9천 원까지도 넘어가요. 숫자대로 색칠하는 명화 그리기? 그것도 제가 인터넷에서는 1만 얼마 주고 샀었는데 다이소는 한 3~4천 원에 팔고 있는 거예요. 그래서 '나 똑같은 거 샀는데 왜지?' 싶었어요.

주변에서 다이소 상품이 어떤지 물어보면 어떻게 답할 건가요?

> 저는 지금까지 다이소에서 샀던 물건이 정말 하나도 빠짐없이 다 만족스러운 사람이라 무조건 추천하고 있어요. 주방 도구들이 정말 사용하기 편하고 엄마한테도 많이 추천해요. "엄마, 다이소 칼 좋아." 이러고.

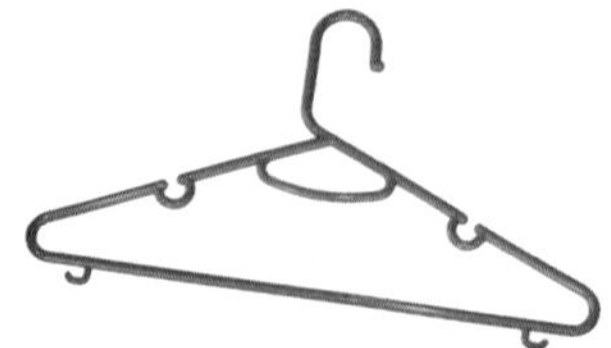

누군가에게 선물로 다이소 상품을 주는 것에 대해서 어떻게 생각하나요?

> 지금은 확실히 나이가 좀 있어서 안 주는데 예전에 초등학교 고학년 정도일 때는 솔직히 용돈 받아서 다니던 시절이라, 핸드크림 같은 거랑 과자, 먹거리 사서 한 5천 원~6천 원에 선물 주기에 정말 좋았던 것 같아요. 저학년들한테는 진짜 진짜 최고예요. 성인들은 좀…… 성인들은 그런 것보다는 진짜 차라리 휴지나 생필품 쪽으로 주면 나을 것 같긴 한데, 이런 걸로 주기엔 좀 그렇죠.

본인이 누군가에게 선물을 받는 경우라면 어떨까요?

> 저는 다 좋을 것 같아요. 꽃을 받아도 상관없고, 어쨌거나 뭐든 제가 필요한 것일 테니까, 전 인형을 받아도 좋아요.

다이소에서 상품을 살 때, 상품 한 개당 얼마부터 비싸다는 생각이 드나요?

> 웬만해서는 다 500원에서 2천 원 사이의 물건이라 그런지 5천 원이면 최소한 휴지, 생필품 쪽으로 가거나 아니면 진짜 퀄리티 있는 장난감들 정도여야 인정해 주고, 막 가위 하나에 5천 원이라면 '엥? 뭐야, 천 원짜리도 있는데' 하면서 그냥 천 원에 사죠.

다이소에서 한 번 쇼핑할 때 지출한 금액 중 가장 큰 액수와 가장 적은 액수는 각각 얼마인가요?

> 처음 자취 시작했을 때 5만 원 이상 써서 '진짜 대단하다' 생각했던 적 있어요. 물건이 다이소에서 제일 큰 비닐봉지에도 다 안 들

어가서 직원분들한테 양해 구하고 왔다 갔다 했었어요. 옷걸이도 5개에 아마 1천 원인가 2천 원인가 해서 싼데, 이걸 이제 10개씩 사니까 부피도 크고 가격도 많이 나가고……. 제일 적게 쓴 건 500원이요. 꼬리빗 사러.

주로 어떤 금액대의 상품을 가장 많이 구매하나요?

1천 원에서 3천 원 사이 많이 사는 것 같아요. 웬만한 군것질거리도 대부분 1천 원대고 손톱깎이를 사든 거울 같은 걸 사든, 아니면 매직 스펀지 같은 좀 필요한 걸 사도 대부분 1천 원, 2천 원 하더라고요.

다이소에서 구매한 상품 중에 추천하고 싶은 것이 있나요?

무조건 주방용품이에요. 일단 숟가락, 젓가락 세트 같은 거. 제가 다른 생필품 파는 데에 갔는데 숟가락 하나에 1900원 하는 거예요. 다이소 가면 2인 세트를 2천 원에 살 수 있는데. 그리고 품질도 좋고요. 칼도 아는 셰프한테 추천해 달라고 하니까 "다이소 거 좋아." 하길래 샀는데 진짜 좋더라고요. 도미도 좋고 웬만한 가위도 쿠팡에서 사면 2~3천 원 하는데 다이소는 천 원. 쿠키 커터나 커다란 볼 같은 것도 많이 사는데 진짜 다 싸요. 쿠팡에서 보

면 1.5배에서 2배 정도 하는데 다이소는 훨씬 싸고, 바로 살 수 있고. 생필품은 거의 다 100% 다이소예요.

주위에서 추천을 받아서 구매한 상품이 있나요?

직접 추천받은 건 아니고, 그냥 요즘 이런 게 유행한다 해서 산 것들은 있어요. 뜨개실 같은 거 뜨개방 가서 사면 좀 비싼데 다이소 물건이 괜찮다고 해서 사 봤고, 그런 취미 용품들 많이 사 본 것 같아요. 한번은 인스타 보다가 '망한 양모펠트 대회' 이런 게시물이 있길래 뭔지 들어가 보니까 엄청 웃기더라고요. 그래서 '나도 해 봐야겠다' 하고 사 봤었어요. 하나 사고 일주일 뒤에도 하나 더 샀어요.

다이소 상품의 질은 어떻다고 생각하나요?

솔직히 옛날에 처음 생겼을 때는 다이소 물건의 질이 좀 떨어진다는 얘기가 많았는데 고객들 피드백도 받고 요즘 MZ 세대들 의견도 받으면서 만드니까 좋더라고요. 인터넷에서 인스타나 이런 데 글 올라오면 다이소 공식 계정에서 답변하는 것도 봤고, 아니면 그냥 직원분들한테 '이거 좀 별로나' 이런 식으로 얘기하면 본사에 전달하겠다고 하시더라고요. 솔직히 반영이 빠르진 않았는데 옛날이랑 비교해 보면 엄청 달라졌어요.

다이소 상품의 디자인을 상중하로 평가한다면 어떤가요?

중에서 중상정도? 솔직히 딱 여자들이나 아이들이 좋아할 법한 예쁜 디자인이 많아서 좋긴 한데, 또 한편으로는 다이소가 표절한다는 이야기도 있더라고요. 그래서 상이라고 하기엔 좀…… 근데 귀엽긴 귀여우니까요. 또, 그냥 아무 무늬 없는 물건을 사고 싶은데 그런 게 잘 없더라고요. 자꾸 막 콧수염 하나, 꽃 하나 이런 거 그려 두고 이래서…… 그런 거 없으면 좋을 텐데. 귀여운 캐릭터 상품에는 강한데, 깔끔하고 모던한 건 좀 약하더라고요. 그래도 예전보다 훨씬 나아지는 것 같아요. 텀블러 같은 건 스타벅스에서 사는 것보다 더 예쁜 것도 있을 정도로 진짜 괜찮더라고요.

매장 직원들에 관해서는 어떻게 생각하세요?

제가 갔던 매장들은 한 명씩 복도 같은 데 서서 사람들이 뭐 물어보면 알려 주는 직원이 있었고, 아니면 캐셔 업무를 하거나 물건 채우고 있거나 하더라고요. 항상 뭘 채우고 있어요. 직원들 보면 힘들겠다는 생각이 들어요. 다이소 알바 힘들다던데. 물건 위치 하나하나 다 기억하고 색깔별로 맞추고 있고 이러던데, 힘들겠다 싶어요. 근데 대부분 다 나이가 좀 있으신 분들이 하더라고요, 어머님들.

1부터 5까지로 평가한다면 다이소 매장 이용 시 직원 의존도는 어느 정도인가요?

3 정도요? 원래 4였는데 이제 키오스크가 생기니까 계산하는 사

람이 필요 없어지고, 요즘은 상품 위치 검색대도 생긴다고 하니까…… 그러면 이제 진짜 진열하는 직원만 필요하지 않을까 해요.

고객센터나 매장에 전화를 걸어 본 적이 있나요?

매장에 전화해 본 적은 있어요. 지금은 오픈 시간이나 마감 시간이 잘 나와 있는데, 옛날에 생긴 지 얼마 안 됐을 때는 그런 게 안 나와 있어서 전화로 언제 여는지 물어본 적 있었어요. 한 두세 번 걸어 봤었는데 다 금방 받으셨고…… 근데 뭔가 좀 급해 보였어요. 뒤에서 막 소리 들리고. 이제는 몇 시에 닫고, 이런 물건 여기서 파는지 뭐 그런 건 그냥 블로그 리뷰 찾아볼 것 같아요. 그때 전화했을 때 너무 바빠 보이셔서, 저는 고객센터로 전화가 가는 줄 알았는데 뒤가 시끄러운 걸 보니까 매장으로 전화가 가나 봐요.

대형 마트나 백화점 안에 다이소가 입점해 있는 것을 본 적이 있나요?

네. 롯데마트 바로 옆 한편에 있는 다이소에 간 적이 있었는데, 정말 정말 별로였어요. 전 다이소라고 해서 기대하고 갔거든요. 근데 진짜 그 마트의 구석에 정말 조그맣게 있어서 이게 다이소인가? 싶더라고요. 다이소는 단일로 크고 넓게 있는 게 상품도 많아서 좋고 입점되어 있는 건 개인적으로 별로인 것 같아요.

다이소에 관해 검색을 해 본 적이 있나요?

네, 그냥 한 번 검색해 본 적이 있어요. 그냥 아무 생각 없이 제가

> 자주 가는 지점 리뷰가 궁금해서요. 웬만해서는 검색보다는 그냥 직접 가요. 제가 지금까지 다녔던 다이소는 다 집 근처에 있어서 영업 시간 물어보는 게 아닌 이상은 그냥 직접 가는 게 더 빨랐거든요. 그게 아니라면 검색 많이 해 봤을 것 같아요.

다이소에 관한 키워드 세 가지를 떠올린다면 무엇일까요?

> 하얗다, 저렴하다, 넓다. 일단 '하얗다'는 어느 다이소 매장을 가도 벽이 다 흰색이더라고요. 진짜 진짜 하얗다. 그리고 '저렴하다'는 진짜 처음 생겼을 때도 센세이션이었는데 아직까지도 너무 저렴하고요. '넓다'는 안 그런 매장들도 있지만 대부분의 다이소 매장들은 다 넓더라고요. 확 트여 있는 느낌. 그래서 이 3개가 가장 큰 키워드인 것 같아요.

만약 다이소를 들어본 적 없는 사람에게 다이소를 설명한다면?

> 진짜 가성비가 엄청난 매장. 웬만한 건 다 있는 가성비 엄청 좋은 매장. 얼마 안 되는 돈으로 부자처럼 플렉스할 수 있는 곳.

온, 오프라인을 막론하고 다이소와 비슷한 브랜드가 있다고 생각하나요?

> 다이소의 가성비를 따라갈 매장은 한국엔 없다고 생각해요.

이 매장에는 '그 물건' 있나요?

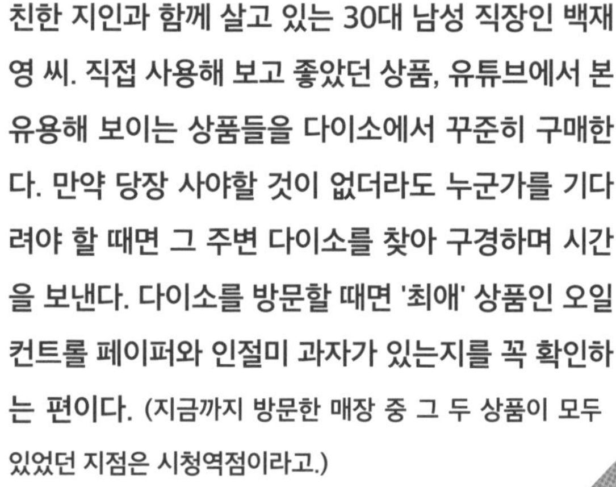

친한 지인과 함께 살고 있는 30대 남성 직장인 백재영 씨. 직접 사용해 보고 좋았던 상품, 유튜브에서 본 유용해 보이는 상품들을 다이소에서 꾸준히 구매한다. 만약 당장 사야할 것이 없더라도 누군가를 기다려야 할 때면 그 주변 다이소를 찾아 구경하며 시간을 보낸다. 다이소를 방문할 때면 '최애' 상품인 오일 컨트롤 페이퍼와 인절미 과자가 있는지를 꼭 확인하는 편이다. (지금까지 방문한 매장 중 그 두 상품이 모두 있었던 지점은 시청역점이라고.)

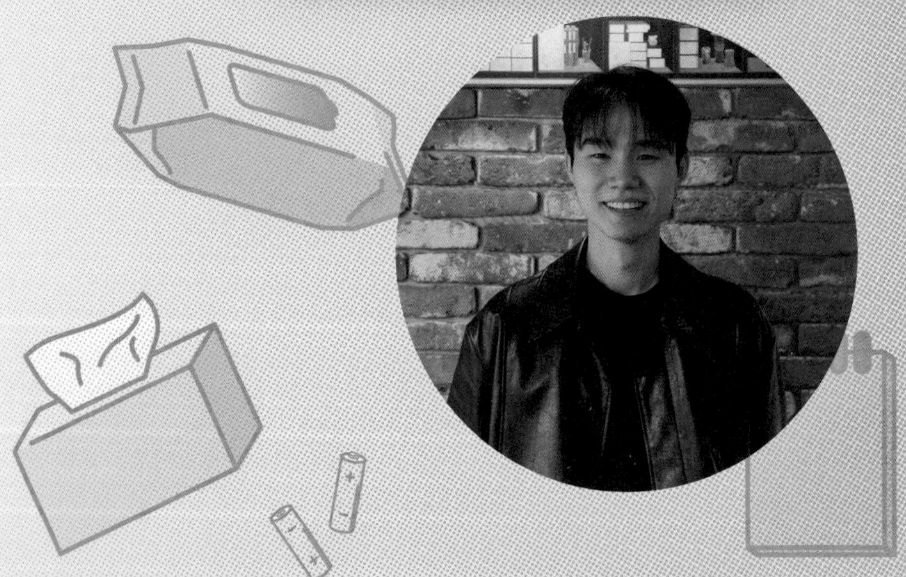

O

평소 물건을 어디에서 구매하나요?

네이버쇼핑, 쿠팡, 다이소, 편의점, 이마트. 이 정도인 것 같아요. 용도가 다 다른데, 생필품 같은 건 다이소가 압도적이고, 옷이나 신발은 네이버쇼핑에서 사고요. 쿠팡이 중간이에요. 당장 급하게 필요한데 다이소에는 없는 것들. 쌀이나 먹을 것들요. 상품권 같은 거 받으면 이마트로 가고, 편의점은 물 살 때 빼고는 거의 안 가요.

어떤 소비 습관을 갖고 있나요?

제가 신발을 좋아하는데, 신발이나 옷이 아니라면 당장 필요한 것 위주로 사는 편이고 소비를 많이 하는 스타일은 아니에요. 그리고 사기 전에 고민하는 시간이 좀 길어요. '어디가 제일 싸지?' 이런 계산을 많이 하는데 요즘에는 시간이 너무 아까워서 좀 짧게 하려고 노력하고 있어요. 그냥 빨리 사 버리고 다른 일 하는 게 낫더라고요.

다이소는 얼마나 자주 이용하나요?

> 일주일에 두 번은 가지 않을까요? 평일 한 번, 주말 한 번.

평소 생활 반경에 다이소 매장이 있나요?

> 합정이나 외대앞역, 회기역 쪽에 자주 가는 데 세 역 모두 근처에 다이소가 있어요.

어디에 있는 매장을 자주 이용하나요?

> 외대앞역에 있는 매장을 제일 자주 가고요. 누구를 기다려야 하는데 시간이 남을 때 구경하러 많이 가요. 근데 사실 이건 다른 어디를 가도 그런 것 같아요. 누굴 기다려야 될 때면 그 주변에 다이소를 찾아요. 기다리면서 구경도 하고, 살 거 있으면 사고요. 회기는 사실 가깝긴 한데 자주는 안 가요. 근데 이번에 한번 가 봤는데 거기 짱짱하더라고요.

그 매장의 어떤 점이 마음에 들었나요?

> 거기가 건물이 크지 않아서 크지 않은 건물에 물건 진열을 다 해야 하다 보니까 되게 촘촘하거든요. 근데 '이게 여기 있네, 이것도 있네?' 싶은 물건들이 몇 개 있었어요. 예전에 메이크업용 불빛 들어오는 거울이 다이소에 있다고 들었는데 저는 다이소 가서 그걸 본 적이 없거든요. 그게 회기 다이소에 가니까 있는 거예요. 2층도 있었는데, 그 매장이 좀 괜찮았던 것 같아요. 근데 거기는 너

무 좁아서 서로 부딪힐 수도 있어요. 잘못하면 썸도 탈 수 있겠다 싶을 정도로 협소해요. 게다가 물건을 촘촘하게 박아 놔서 구경하기는 참 그렇습니다.

가장 최근에 다이소에 방문했던 경험을 이야기해 주세요.

일하다가 일하는 곳이 너무 더러워서, 수건으로 지워도 안 지워지는 얼룩이 있는 거예요. 그래서 '이거 안 되겠다' 하고, 다이소에 가면 매직 스펀지라고 있거든요. 깍두기처럼 생긴 정육면체로 되어 있는 게 되게 많이 들어 있는데, 한 40개 들어 있나? 그게 2천 원이었나 그래요. 그게 진짜 잘 지워지거든요. 안 지워지던 것도 물 묻혀서 문지르면 웬만한 건 다 지워져요. 그걸 사와야 할 것 같아서 나간 김에 친구랑 통화 좀 하면서 다른 데도 괜히 구경하고 다이소를 한 바퀴 돌았어요. 거기가 홍대 매장이었는데 한 5층까지 있었나? 근데 거기서는 회기처럼 뭔가 이렇다 할 만한 건 못 본 것 같아요.

만약 그날 다이소가 문을 닫았다면 어떻게 했을 것 같나요?

그럼 열 때까지 기다리죠. 그래야 돼요. 다이소 말고 다른 데는 그 가격에 팔려나? 다른 데 가는 것도 시간 많이 들지, 가서 있을지언정 다이소보다 비쌀 거고……. 다이소 의존도가 되게 높은 것 같아요. 건전지 같은 게 특히 그래요. 건전지를 당장 구해야 돼서 가까운 편의점에 갔었는데 제일 싼 게 9,500원. 근데 다이소에 있는 거 4개에 천 원이잖아요. 그렇다 보니까 다이소 의존도가 되게 높다고 느꼈고, 사실 그때 돈 쓰기가 너무 아까웠어요. 내 돈도 아니고 회사 돈이었지만 그래도 너무 아까웠어요.

다이소에 구매할 상품이 있어서 방문할 때와 목적 없이 방문할 때, 둘 중 어떤 경우가 더 많은가요?

어렵네요. 음, 그냥이 더 많아요. 6:4 정도? 그냥 들르는 경우가 좀 더 많아요. 그렇게 구경할 때는 정말 구경만 하고 나와요. 소비를 딱 결정했을 때만 가서 사는 일이 많아서 구경하러 갔을 때는 이변이 없는 한 거의 안 사는 것 같아요. '나 이거 사야 되는 데 까먹고 있었다' 이럴 때는 사지만요. 그게 키친타올이에요. 맨날 까먹어요, 키친타올은. 미칠 것 같아요. (웃음)

다이소에 방문할 때마다 꼭 확인하는 게 있다고요?

네, 갈 때마다 체크하는 게 있어요. 다이소 물건 중에 제일 좋은 게 오일 컨트롤 페이퍼인데, 제가 진짜 제일 많이 쓰는 거예요. 근데 좀 아쉬운 게 원래는 상품 형태가 좀 달랐어요. 이게 얇아서 지금 같은 모양새로는 되게 뽑아 쓰기가 힘든데 예전에는 그렇지 않았거든요. 같은 라인이고 디자인도 똑같아요. 그래서 이게 예전 형태로 된 상품이 있나 없나를 다른 매장 갈 때마다 확인해요. 옛날에는 천 원이었는데 그게 지금은 2천 원이 됐을 거예요. 그리고 제가 좋아하는 과자가 있는지도 항상 확인해요. 인절미 과자.

다이소 새로운 곳 가면 '여기 그 과자 있을까?' 하고 확인하고 다른 과자는 뭐 있는지도 봐요. 시청에 있는 다이소에는 제가 찾는 게 둘 다 있더라고요. 그렇게 찾는 물건이 있는 곳은 체크해 뒀다가 나중에 그 근처 가게 되면 사고 그래요.

매장에서 원하는 상품을 찾을 때 어떻게 하나요?

목적이 있어서 갔다면 이미 쓰던 게 다 떨어져서 사러 간 경우라 그런 것들은 제가 위치를 이미 알고 있어요. 그래서 바로 가서 사는데, 본가로 가면 얘기가 좀 달라요. 본가에 있는 다이소는 제가 자주 안 가는데 엄청 크거든요, 이마트 안에 있는데, 진짜 커요. 거기로 가면 제가 물건 위치를 잘 모르니까 진짜 어려운 것 같아요. 매장이 클수록 세분화된 아이템들이 많아서 구경하는 재미가 있긴 한데 찾기 어렵더라고요. 그럼 직원분한테 여쭤보죠. 근데 제가 좀 잘 못 찾아요, 말씀해 주셔도. 가면 없어요. 분명히 저기 모퉁이 돌아가면 있다고 했는데도요. 그럼 한참 보다가 다시 직원분한테 가는데 그분이 직접 와서 찾으시면 또 있는 거예요. 항상 그런 식이었던 것 같아요.

일반적으로 다이소 매장의 상품 배치는 어떻다고 생각하나요?

사실은 왜, 그런 말 있잖아요. 마케팅하시는 분들은 고객들이 살 수 있게끔 동선을 맞춘다고 하는데 저는 잘 모르겠어요. 그냥 뭔가, 배치도 중요하지만 뭐가 있는지가 더 중요한 것 같아요. 회기에 있는 매장처럼요. 배치도 물론 중요하겠죠. 다이소도 진열 잘

하는 것 같아요. 들어갔을 때 바로 건전지 아니면 스마트폰 관련 상품 있고, 여성분들이 자주 찾으니까 뷰티 코너도 앞쪽에 있고.

결제는 셀프 결제와 점원 결제 중 어떤 것을 선호하나요?

요즘에는 그냥 빈 곳을 가는 것 같아요. 그냥 빨리하고 가면 되니까. 셀프에 딱히 어려움을 느끼거나 하는 것도 없으니까요. 근데 둘 다 비어 있다면 그래도 점원분 계신 곳이 더 편하니까 아무래도 거기로 가는 편이에요. 직접 찍지 않아도 되고, 셀프 계산 같은 경우에는 많은 사람들 손이 닿으니까 위생적으로 좀 괜히 찝찝함이 있는 것 같아요.

결제할 때 다이소 멤버십을 이용하나요?

안 해요. 사실 귀찮은 게 큰 것 같아요. 스무 살 때부터 뭐 살 때마다 원래는 핸드폰 번호로 적립했어요. 근데 어느 순간부터 앱이 생겼다고 하더라고요. 그래서 이제는 그 앱을 다운로드해야 이때까지 적립했던 게 옮겨진다고 들었어요. 근데 그게 너무 귀찮아서…… 그리고 제 경험상 포인트 적립률도 되게 낮은 걸로 기억해요. 진짜 몽투 살 수 있을 정도의 느낌? 그래서 너무 미미하기도 하고 귀찮기도 해서 앱을 안 깔았어요. 그렇게 지금까지 온 것 같아요. 근데 항상 결제할 때마다 좀 마음이 불편하긴 해요. 괜히 '적립해야 되는데. 할 걸. 할까?' 이러다가 그냥 또 넘어가고 까먹고, 다시 결제할 때 되면 무한반복이에요. 이 정도면 안 하지 않을까요, 계속? (웃음)

다이소 매장을 이용하면서 마음에 들었던 부분이 있나요?

다이소가 되게 의외로 예쁜 굿즈를 잘 뽑아내요. 귀여운 것들, 미키마우스…… 핼러윈 되면 괜찮은 게 많더라고요. 그거 구경하는 재미가 있어요. 사진 않더라도 구경하다가 '예쁘다' 하고 사진 찍고. 눈의 즐거움이 있죠.

다이소 매장을 이용하면서 불편했던 부분이 있나요?

굳이 꼽자면 물건이 너무 많아서 찾기가 어렵다는 점이요. 맞아, 가끔 직원분이 안 계신 다이소가 있어요. 가끔 안 계실 때가 있거든요. 그러면 조금 난감해지죠. 바쁘고 빨리 찾아서 나가야 하는 상황인데 도와줄 직원분이 안 계셔서 허겁지겁 찾는 경우가 있죠. 그럴 때 좀 난감합니다. 그것 말고는 불편한 거 딱히 없는 것 같아요.

다이소의 온라인 쇼핑몰은 이용해 본 적이 있나요?

저는 있는 줄도 몰랐어요. 다이소는 오프라인이죠. 온라인을 굳이? 좋은 매장이 가까이에 있고, 아까 말씀드린 것처럼 저는 제가 필요한 물건이 다른 매장에 있는지 지나갈 때마다 찾아보기 때문에 그때 찾으면 여러 개 사 놓거든요. 저 오일 컨트롤 페이퍼도 여덟 개 사 왔어요. 8천 원. 8개 사서 아직도 쓰고 있어요. 저는 만약에 온라인 쇼핑몰이 있는 걸 알았어도 가는 김에 어쨌든 사 놓을 것 같아요. 배송비도 따로 들 거고. 또, 직접 보고 구매할 수 있잖아요. 크기도 온라인에서 사면 규격이라든지 이런 거 따져서 사야 하는데 다이소 가면 바로 알 수 있잖아요. 잡아 볼 수 있고 하니까.

다이소에서 구매한 상품 중에 추천하고 싶은 것이 있나요?

● 키친타올

제가 아까 항상 사는 걸 까먹는다고 말씀드렸던 문제의 키친타올입니다. 이게 좀 야무져요. 천 원이다 보니까 얇은데 오히려 그래서 한 번 닦기에는 가장 최적화된 용량이에요. 계란프라이를 하고 그 프라이팬을 닦기에는 얘가 제일 좋아요. 또 듣기로는 흰색으로 된 키친타올이 하얗게 만들기 위해 뭘 한다고, 안 좋다는 얘기를 들어서 이 키친타올을 좋아합니다. 근데 이게 진짜 아쉬운 게 뭔지 아세요? 뜯을 때가 좀 힘들어서 잘 뜯어야 돼요. 뜯을 때 깔끔하게 탁 뜯으면 기분이 진짜 좋은데 안 그러면 먼지 날리잖아요. 뭐, 물론 천 원짜리라서 불만은 없습니다. (웃음)

● 곰팡이 코팅제

이건 방에 곰팡이가 생겨서 유튜브에 곰팡이 없애는 방법을 찾아봤는데 어떤 분 영상에서 곰팡이 제거한 다음에 이걸 뿌려 주더라고요. 이 상품을 직접 보여 주지는 않고 뒷면만 나왔는데 다이소에서 쓰는 QR코드가 있는 거예요. 그래서 '저건 다이소인데?' 하고 좀 큰 곳…… 어디였더라? 아마 합정이었던 것 같아요. 합정 다이소에 가서 이걸 샀어요. 곰팡이 없애고 이거 뿌려 주면 좀 덜해요.

● 오일 컨트롤 페이퍼

오일 컨트롤 페이퍼는 앞머리 떡지는 게 너무 싫어서 방법이 없나 하고 찾다가 알게 됐고, 유튜버 중에 어떤 분이 오일 컨트롤 페이퍼를 쓰는데 눈으로 봤을 때 비슷한 질감인 게 이거였어요. 싸니까 일단 사서 써 본 것 같은데 생각보다 괜찮아서 지금까지 계속 쓰고 있죠. 이 오일 컨트롤 페이퍼가 이렇게 종잇장 같은 느낌인 게 있고 하늘색에 기름 되게 잘 흡수해서 누르면 엄청 자국 잘 보이는 게 있어요. 하늘색으로 된 건 사실 기름을 되게 많이 흡수해서 피부에 그렇게 좋지 않대요. 근데 얘는 딱 어느 정도 적당히 있어야 되는 기름은 놔두고 먹기 때문에 괜찮다고 생각해요. 트러블도 안 나고 파우더보다는 페이퍼가 낫기도 하고요.

● 식품류

다이소의 식품이 가장 좋았던 점은 그거예요. 천 원 단위로 떨어진다는 거. 편의점에서 천 원 이상 할 법한 것들도 같은 라인은 천 원이에요. 저는 그게 되게 괜찮다고 봐요. 과자도 그렇고 라면도 그렇고 가격이 깔끔해요.

다이소 외에 이런 상품들을 살 만한 곳이 있다면 어디일까요?

감히 다이소에 비빌 만한 곳이 있을까요? 있을지언정 가격이 다이소만큼 싸지는 않을 거예요. 다이소만한 곳이 없어요, 진짜. 아마 없을 것 같은데? 있어도 고속도로 휴게소 이런 데에 있지 않을까요? 이게 말이 됩니까, 건전지 네 개에 천 원이? 말이 안 돼요.

주변에서 다이소 상품이 어떤지 물어보면 어떻게 답할 건가요?

"아직 안 샀냐? 필요하면 사야지." 할 거예요. 진짜 괜찮으니까. 배송비가 더 들어요, 인터넷으로 사면. 다이소가 훨씬 낫죠.

누군가에게 다이소 상품을 선물로 받는다면 어떨까요?

선물로요? 고맙게 다가오기는 하는데, "너 요즘 힘드니? 요즘에 주머니가 조금 어렵나? 밥을 사 줄게." 이렇게 되지 않을까요? 선물로는 조금 그래요. 선물? 애매하네요.

본인이 누군가에게 선물을 하는 경우라면 어떤가요?

일단은 기념일 선물로는 절대 안 되겠고, 지나가다가 "이게 필요한데……"라는 말을 들었으면 "너 이거 필요하다며? 하나 사야겠다." 하고 줄 거고, 영수증은 꼭 가지고 있어야 돼요. 이미 구했으면 "가지고 와. 환불할게." 그래야죠. (웃음)

다이소에서 상품을 살 때, 상품 한 개당 얼마부터 비싸다는 생각이 드나요?

다이소에서 산다…… 5천 원까지요. 6천 원 이상부터 비싸다고 생각할 것 같아요. 제가 진짜 괜찮았다고 느꼈던 5천 원짜리 상품은 랜선이었어요. 되게 품질이 괜찮더라고요. 그거랑 HDMI. 그것도 5천 원. 제가 당장 컴퓨터를 써야 하는데 본가에서 이사 오면서 랜선을 집에 두고 와서 급하게 샀거든요. 다이소에 가서 '괜찮은 게 있나 한번 봅시다' 하고 봤는데, 5천 원 가격대에서 이 정도면 괜찮았습니다. 그 이상은 좀 비싸지 않나? 근데 그 이상의 것들을 본 적이 없던 것 같은데, 있나요? 6천 원 이상인 게? 최대 비싼 게 5천 원이었던 것 같은데.

근데 또 다이소에서 6천 원이 넘어간다고 해도 그럴 만한 이유가 있지 않을까 싶어요. 다른 물건 다 싸게 파는데 비싼 게 있다면 이유가 있지 않을까? 납득이 가는 가격의 물건일 것 같아요. 물론 뭐냐에 따라서 다르겠지만 내가 너무 필요하고 누가 들어도 어느 정도 가격대가 있을 법한 상품이라면 다이소에서 6천 원이라고 해도 아무도 비싸다고 생각하진 않을 것 같아요. 그 상품을 정말 전문적으로 꽉 잡고 있는 어떤 브랜드에 최저가가 있다면 인터넷에서 사겠지만 그게 아니고서는 아마 백이면 백 군말 없이 사지 않을까요?

다이소에서 한 번 쇼핑할 때 지출한 금액 중 가장 큰 액수와 가장 적은 액수는 각각 얼마인가요?

가장 큰 금액은 1만 5천 원 정도였던 것 같아요. 바리바리 뭘 샀던 기억이 있어요. 간 김에 이것저것……. 근데 다이소는 '내가 한 번에 쇼핑을 해야 겠어' 이러고 가는 건 아니니까요. 간 김에 사고, 없어서 가고, 뭐 하나 사러 가고 이러죠. 가장 작은 금액은 천 원이요. 보통 천 원에서 이천 원짜리 물건 하나 사고 나오니까요.

다이소 상품의 품질에 관해 어떻게 생각하나요?

그래도 쓰는 데 부족함은 없다, 괜찮은 것 같은데요? 왜, 그거 있잖아요. K라고 쓰여져 있는 품질 인증 마크. 그게 제가 알기론 사용하는 데 있어서 문제가 없고 어느 정도 수준 이상의 상품이라는 인증 마크로 알고 있는데, 그 정도 되는 것 같은데요.

옛날에는 사실 좀 그랬어요. 왜냐하면 제가 중학교 3학년 때 그 당시 여자 친구랑 다이소에 가서 하트 모양 그려진 머그잔을 커플 컵으로 하나씩 샀어요. 근데 나중에 여자 친구랑 통화를 하는데 자기가 거기 뜨거운 물을 부어 놨더니 갈라졌다는 거예요. 그래서 "진짜? 역시 구리긴 구리다." 그랬는데 지금은 괜찮은 것 같아요, 옛날에는 그랬을지언정. 제가 그 후로 다이소에서 컵을 안 사긴 하는데, 안 사 봐서 모르겠지만 괜찮지 않나?

그 후로 컵은 한 번도 구매하지 않았나요?

네. 그릇도 그렇고요. 그릇이나 사기로 된 상품 그런 건 안 사 봤어요. 입에 들어가는 건 좀 그런 느낌. 음식할 때 쓰는 용품들은 안 사는 것 같아요. 아무래도 냄비도 그렇고, 프라이팬도 그렇고 5천 원짜리잖아요. 조금 퀄리티에 차이가 있지 않을까? 뭔가 좋은 음식을, 그러니까 내가 혼자 먹기에는 괜찮겠지만 남이랑 해

먹을 만한 음식이 되진 않을 것 같아요, 개인적인 느낌으로. 저는 이왕 살 거라면 오래 쓸 것, 좀 더 괜찮은 걸 사려고 하기 때문에 그런 부분에 있어서는 돈을 더 주더라도 다른 데서 사죠. 근데 수저는 또 괜찮을 것 같기도 한데 그런 건 사실 굳이 새로 사지 않아도 이미 집에서 쓰던 것들이 어렸을 때부터 계속 있으니까. 항상 지나쳤던 코너도 부엌용품 쪽이었던 것 같아요.

그 외에도 다이소에서 구매하지 않는 품목이 있나요?

세제, 안 사요. 원래 저는 남한테 선물할 때도 그렇고 아기한테도 쓸 수 있는 거, 젖병 겸용할 수 있는 거 사서 주거든요. 근데 요즘에는 조금 귀찮기도 하고 당장 없어서 한 번 사서 썼어요. 이번에 최초로 그랬네요. 트리트먼트나 이런 것도 웬만하면 실리콘 없는 것들, 환경에도 좋고 머리에도 좋은 걸 사려고 비용을 좀 더 내서 인터넷에서 사는 편이에요. 바르는 로션이나 그런 것도 성분 비교를 다 해 보고 사고요. 그런 건 싸게 살 수 있다고 해도 저는 안 사요. 어쨌든 성분들이 쌓이니까요. 가격이 조금 더 저렴할수록 그런 부분은 뭔가 못 미덥다는 느낌이 강해서 다이소는 조금 지양하는 것 같아요.

다이소에 있었으면 하는 상품이 있나요?

떠오르는 게 하나 있긴 해요. 이건 제가 신발을 좋아하다 보니까 다이소에 있으면 좋겠다고 생각한 거예요. 하나의 가격이 되게 싼데 그거 하나만 주문하기는 좀 아쉬운 상품이 있어요. 뭐냐 하면 신발 밑창 보강하는 패드예요. 아끼고 싶은 예쁜 신발들을 신고 다닐 때 밑창 닳는 거 싫어하는 사람들이 있어요. 그래서 밑창에 굳이 패드를 하나 더 붙이는 거예요. 그러면 밑창 대신 패드가 닳는 거죠. 이게 싼 건 하나에 1,700원 이런데, 배송비 들고 하면 배보다 배꼽이 더 크잖아요. 아마 요즘 패션 좋아하는 친구들은 신발 아끼고 하는 친구들도 많으니까 다이소에 들여오면 괜찮지 않나 싶어요. 많이 살 것 같아요. 제 생각이긴 해요, 사실.

매장 직원들에 관해서는 어떻게 생각하세요?

가 보면 주로 계산하고 계시거나 매대 앞에 쪼그려 앉아 계세요. 어김없이 항상 그렇게 계세요. 여지가 없습니다. 뭘 여쭤보기 죄송할 정도로 바쁘신 것 같아요. '바쁘시구나. 내가 이걸 찾아야 하는데 지금 말을 걸어도 괜찮을까? 살짝 여쭤만 볼까?' 이런 생각이 듭니다.

1부터 5까지로 평가한다면 다이소 매장 이용 시 직원 의존도는 어느 정도인가요?

이건 5점 아닐까요? 엄청 중요한데. 진짜 물건 못 찾는 분들 계실 거란 말이에요. 바쁜데 빨리 찾아서 나가셔야 되는 분들은 무조건이죠. 무조건 필요해요.

만약 다이소에 대해 들어본 적 없는 사람에게 다이소를 설명한다면?

> 말도 안 돼요. 다이소를 모른다뇨. 간첩이죠. 그래도 만약에 그렇다면, "네가 필요한 건 다 있다. 없는 거 빼곤 다 있다. 뭘 사려거든 거기부터 가라." 이렇게 말해 줄 것 같아요.

다이소에 관한 키워드 세 가지를 떠올린다면 무엇일까요?

> 킬링 타임, 편리하다, 마음이 꽉 찬 느낌. 제가 원래 아이쇼핑을 좋아해요. 다 내 것도 아니지만 뭔가 구경할 것들이 많은 게 좋아요. 다이소에 가면 구경이 일단 기본이니까, 그런 면에서 꽉 찬 느낌이 들어요.

다이소에 관해 검색을 해 본 적이 있나요?

> 아니요. 가까이 있으니까 직접 가서 보면 되죠. 검색해 본 적은 따로 없는 것 같아요. 예를 들어서 이마트 같은 경우는 제가 가기에 거리가 좀 있어서 '이마트에 이런 물건이 있나요?' 하고 검색해 봤던 적은 있는 것 같은데, 다이소는 바로 앞에 있으니까. 그리고 보통 제가 사야 하는 것들은 막 급하거나 그러진 않아서 있으면 사고 없으면 그만인 정도라 그냥 '다이소 있네. 한번 가서 보자. 없으면 말고' 이 정도인 것 같아요.

지금까지 방문해 본 매장마다 주는 느낌에 차이가 있나요?

> 어쩔 수 없는 느낌의 차이가 있는데 크진 않은 것 같아요. 좀 크고

깔끔한 건물이면 어느 정도 그 건물의 기본적인 인테리어가 반영이 되는 것 같고 옛날 건물이면 그 옛날 건물의 느낌이 있는 것 같고 그 정도이지 다이소 자체의 뭔가 아이덴티티가 생기는 그런 디자인은 없는 것 같아요.

온, 오프라인을 막론하고 다이소와 비슷한 브랜드가 있다고 생각하나요?

본가 근처에 '다사소'라는 가게가 있더라고요. 깜짝 놀랐어요. 심지어 간판도 비슷해요, 빨간색. 저게 뭐지? 싶더라고요. 가 보진 않았는데 갑자기 생각나네요. (웃음) 비슷한 브랜드는 없는 것 같은데…… 자주[JAJU]? 자주는 근데 어쨌든, 이런 말 하면 다이소가 섭섭할 수도 있지만, 가격대가 높다 보니까 다이소보다는 퀄리티가 높은 것 같긴 해요. 하지만 저는 그래도 다이소를 이용할 겁니다.

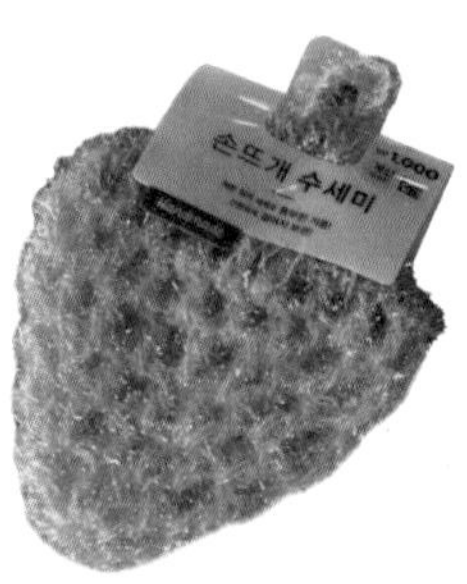

엄마의 다이소 꿀템

배우자, 어린 자녀와 함께 살고 있는 40대 여성 직장인 정은숙 씨. 다이소를 '자취생들이 가는 곳'이라고 생각해 왔지만, 재택근무 당시 자녀와 다이소를 자주 방문하며 장난감, 주방용품 등을 구매하기 시작해 현재는 주 3~4회 방문할 만큼 매우 만족하고 있다. 가정에서 사용하는 상품은 유튜브에서 다이소 '꿀템'을 찾아보고 필요할 때마다 구매하지만, 자녀가 원하는 장난감, 미술도구 등은 함께 방문할 때마다 꼭 하나 이상 사 주곤 한다. 무엇보다 자녀가 즐겁게 여가를 보낼 수 있는 취미를 찾은 데 다이소의 역할이 컸다고 생각한다.

평소 어떤 소비 습관을 갖고 있나요?

당장 사용할 것 위주로 구매해요. 지나가다가 예뻐서 충동 구매하는 일은 없고, TV나 매체를 보다가 필요하겠다 싶은 걸 보면 그때그때 조금씩 구매하는 스타일이에요. 같은 품목 중에 어떤 상품을 사야 할지가 좀 걸리는 편이지, 그 품목을 살까 말까를 결정하는 건 엄청 빨라요. 예를 들어서 드라이기를 사야겠다는 건 확실한데 여러 드라이기 중에 어떤 걸 살지는 조금 고민을 하는 거죠.

상품을 구입할 때 중요하게 생각하는 것은 무엇인가요?

필요성, 가성비, 디자인이요. 내가 이 물건을 집에 꼭 들여와야 하는지를 제일 먼저 결정해요. 집에 이 물건이 필요한가. 그다음은 가격이에요. 필요하다고 느꼈더라도 제가 생각했을 때 그 물건의 가치보다 가격이 높다 싶으면 사지 않아요. 그리고 디자인. 저는 사실 디자인을 거의 신경 쓰지 않는데 신랑이랑 아이가 디자인에 되게 예민해요. '색깔을 화이트로 맞춰 달라' 아니면 '블랙으로 맞춰 달라' 이러곤 해서 세 번째로는 디자인을 고려해요. 우리 식구들이 좋아할 만한 디자인이요.

오프라인과 온라인 구매 중 어떤 것을 더 자주 이용하나요?

> 사실 예전에는 온라인으로 사는 경우가 압도적으로 많았어요. 직장인들이 거의 그렇죠. 장바구니에 일단 담아 놓고 좀 모이면 결제하고. 그런 생활을 했는데 코로나 이후로 쇼핑 패턴이 확 바뀌었어요. 코로나 때 재택근무를 오래 했는데, 아무리 그래도 아이가 있기 때문에 마냥 집에만 있을 수가 없거든요. 마스크 끼고라도 집 앞 쇼핑몰, 마트 이렇게 가게 되니까 상대적으로 온라인 쇼핑이 많이 줄었어요. 원래는 퇴근 시간에 맞춰서 배송을 시켰었는데 그때부터는 그냥 오프라인에서 사 오게 된 거죠. 그러다 보니 자연스럽게 오프라인 쪽으로 쇼핑 패턴이 바뀌더라고요. 사실 다이소도 그때부터 자주 가게 됐어요. 코로나 시기에 재택근무를 하면서 아이를 키운다는 게 엄청 힘들었는데 그때 다이소의 도움을 정말 많이 받았죠.

다이소가 어떻게 도움이 되었나요?

> 코로나 때 아이가 어린이집에도 아예 못 가게 되면서 아이는 집에 있고, 저는 일을 해야 하니까 그게 쉽지가 않았거든요. 점심시간에도 요리를 해 주기가 어려웠어요. 그래서 차라리 배달시켜 놓고 같이 나갔다 오자 했는데 마땅히 갈 데가 없는 거예요. 그래서 시작된 게 "다이소 가자."예요. 장난감이라도 있겠지 해서 갔는데, 아이도 처음에는 장난감을 고르더니 어느 날 넓적하고 큰 붓을 하나 고르더라고요. 그러더니 스케치북이랑 물감을 사 달라는 거예요. 마트였다면 제가 이렇게 많이 사 주지 못했을 것 같은데 다이소는 가격이 되게 가볍잖아요. 부담스럽지 않으니까 흔쾌

히 사 주게 됐죠. 어느 날은 크레파스, 어느 날은 색종이……. 그렇게 사 갖고 집에 와서 밥 먹고 나면 그날 다이소에서 산 것들을 제 컴퓨터 책상 옆에 쫙 세팅해 줘요. '엄마가 일을 해야 하니까 이거라도 잠깐 하고 있어 줘' 그런 마음으로요. 그러면 아이가 그걸 가지고 즐겁게 놀면서 시간을 보내더라고요. 그렇게 일과를 보낸 게 한 2년까지 유지가 됐어요. 아이가 초등학교 들어가기 직전까지. 그렇게 미술도구가 하나씩 늘어나니까 아이가 또 이것저것 해 보기 시작하더라고요. 다이소에 가 보지 않았으면 아이가 이렇게 미술에 취미가 있는지 몰랐을 텐데 이렇게 알게 돼서 감사하다고 생각해요

다이소 덕분에 아이의 취미를 찾게 됐네요.

그렇죠. 지금까지도 계속 그림을 그리는데, 뭐가 필요하면 다이소에 가자고 그래요. 생각했던 게 없으면 왜 자기가 원했던 미술도구가 없냐고 항의도 하고요. (웃음) 다이소 처음 갔을 때는 큰 용량의 물감들이 없었던 것 같은데 이제 그런 게 나왔거든요. 제가 그런 걸 화방에서 한번 봤는데 가격이 너무 비싼 거예요. 아이들은 꼭 그런 걸 색깔별로 사 달라고 하잖아요. 그때 비싸서 사 주질 못했는데 다이소에 들어왔길래 그걸 색깔별로 사 줬어요. 한 여덟 가지 정도? 아무튼 그렇게 아이랑 같이 시간을 보내고 취미도 찾고 하면서 그런 시간이 되게 고마웠어요. 그래서 제가 다이소에 대한 인식이 되게 많이 바뀌었고요.

다이소에 대한 인식이 어떻게 바뀌었나요?

사실 이전에는 제가 다이소를 거의 이용하지 않았어요. '다이소? 자취생들이 그냥 싼 맛에 가는 곳' 이런 이미지가 있었어요. 근데 이제 아이랑 다이소를 자주 가다 보니까 제가 쓰는 물건도 거기서 사게 되더라고요. 원래 엄마들이 지퍼백 이런 거 전부 마트나 이케아에서 많이 구매하잖아요. 예전에 저도 그렇게 구매했다면 이제는 간 김에 거기서 사게 되고 그냥 수저도 굳이 발품 팔아서 살 필요 없이 그냥 다이소에서 사게 되고. 이렇게 다른 물건들로 확장이 되더라고요. 그렇게 생활 속에 녹아든 브랜드였어요. 원래 다이소를 좋아했던 사람도 아니고 가지도 않았어요. 이마트랑 홈플러스, 스타필드 이런 데를 갔지. 근데 이제 다이소가 생활에 밀접해지면서 되게 많이 달라진 것 같아요.

최근에는 주로 어떤 상품을 구매했나요?

다이소에서 한창 유행했던 야채 다지는 도구 같은 것도 사고…… 검색해 보고 '여기 매직블록이 좋다더라', '이 수세미 좋다더라', 그러면 사게 되고……. 그러니까, 이제 제 검색어도 달라진 거예요. 예전에는 필요한 상품명만 검색했다면 이제는 앞에 다이소를 붙여서 검색해요. 이제 다이소에 있는지 없는지를 먼저 확인하게 되더라고요. 왜냐하면 저는 어차피 다이소에 가니까요. 그러다 보니까 엄마들의 꿀팁들이 보이기 시작하는 거예요. '안 샀으면 큰일 날 뻔한 다이소 꿀템' 이런 게 제 알고리즘에 뜨기 시작하는 거죠. 그냥 가서 보면 어떤 물건이 유용할지 잘 안 보여요. 그냥 그 물건의 정해진 쓰임새로만 보이거든요? 근데 그 꿀팁들을 보니까 '이거 이렇게 쓰면 되겠네', '이거 이런 용도로 쓰면 되겠네' 이렇게 확장이 되니까 물건을 더 잘 고를 수가 있게 되더라고요. 그렇게 집에 들어온 것들이 요즘 많아졌어요. 처음에는 사실 아이 장난감, 미술용품만 구매했거든요. 거의 그 코너만 갔어요. 이제는 저도 주방용품이 있는 2층을 올라가게 되는 거예요. '유튜브에서 어떤 거 좋다고 했었는데' 하면서 올라가서 확인하려고.

검색할 때는 주로 어떤 사이트를 활용하나요?

요즘은 거의 유튜브요. 처음에는 사실 블로그를 많이 봤거든요. 근데 아무래도 요즘에는 영상이 핫하잖아요. 그러니까 블로그를 많이 하지 않으시더라고요. 저는 블로그가 많을 거로 생각했거든요. 근데 검색했을 때 유튜브가 훨씬 많이 나와요. 그리고 이 정보가 되게 고퀄리티예요. 영상이다 보니까 확실하게 나오죠. 블로그는 여러 개를 들어가서 봐야 해요. 근데 유튜브는 섬네일 이미지 보고 구독자 수 보면서 좀 신뢰할 만한 걸 빨리 찾을 수가 있죠. 그리고 짬짬이 보기 좋아요. 한 번 보니까 쇼츠에 계속 알고리즘으로 떠요. 저 지금 쇼츠에 '다이소 가성비 꿀템', '다이소 직원도 샀다' 이런 거 뜨거든요. 뜨니까 또 보게 되고 다이소 가면 그게 또 있으니까 사게 되고 그렇게 되더라고요. 최근에는 그렇게 사니까 크게 제가 후회하는 일은 없었던 것 같아요.

알게 된 것 중 공유할 만한 '꿀팁'이 있나요?

최근에 실리콘 테이프라는 걸 알게 됐는데, 그걸로 애들이 뭘 만

드냐면 투명 테이프 공을 만들어요. 안에 비즈 같은 거 넣어서. 저는 보통 아이 때문에 구매하니까 그런 용도로만 알고 있었어요. 근데 영상 보니까, 왜, 전자레인지 테두리에 때가 끼잖아요. 거기에 그 테이프를 붙여 놓으면 때가 끼지 않는다는 거예요. 그래서 저는 아이가 사 놓은 게 있으니까 그걸 그 테두리에 붙였어요. 정말로 때가 끼지 않더라고요.

그리고 장난감 수납함도 옛날에는 대충 사이즈 보고 구매했거든요. 그런데 이것도 어떻게 사용하면 좋은지 이런 게 인터넷에 다 잘 나와요. 아이가 한때 'LOL'이라는 인형에 빠져 있었거든요. 근데 그게 다이소에 칸칸이 넣을 수 있는 플라스틱 수납장에 한 개씩 딱 들어가요. 그래서 아이가 인형을 하나씩 다 끼워서 들고 다녔거든요. 그러면 엄마들이 다 물어봤어요. 이거 어디에서 샀냐고. 인형이 찰떡같이 이렇게 다 끼워져 있어서 원래 전용으로 나오는 박스인 줄 알았대요. 우리 시누가 그걸 보더니 미니카 있잖아요. 그걸 또 응용해서 다 넣어서 들고 다니더라고요.

이렇게 계속 확장이 되다 보니까 이런 것들이 조금씩 늘기 시작하더라고요. 그러면서 다이소에 대한 인식이 굉장히 좋아졌고, 그렇게 사면 사실 실패가 없어요. 그걸 어떻게 활용하는지를 보고 사니까 오히려 만족도가 커지더라고요.

다이소에서 구매한 상품 중 가장 만족도가 높은 것은 무엇이었나요?

야채 다지기요. 정말 신랑한테 맨날 "이거 내 '최애'야!" 이렇게 말해요. 다이소에서 제가 쓸 용도로는 처음 구매한 상품이라고 할 수 있어요. 그전까지는 여기서 주방용품을 사지 않았으니까요. 써 보니까 너무 좋은 거예요. 아이가 야채를 다 다져 먹잖아요. 그 연령대는. 제 주변 친구들 다 샀어요. 아이가 비슷한 연령대거나 어리니까 다 그걸 사용했고. 그리고 그때 당시에 인기가 너무 많아져서 품절도 되고 그랬더라고요. 그래서 친구들이 다른 지점 가서 찾아서 오고 그랬어요.

또, 압축팩. 압축팩은 겨울옷을 넣어 놓고 다음 해나 되어야 꺼내다 보니까 다시 사용할 때 미세한 구멍이 나는 경우가 되게 많아요. 비싼 걸 사도 똑같이 그래요. 어느 시기가 되면 바꿔야 하는 거예요. 그래서 요즘에는 그냥 편하게 다이소에서 사이즈별로 다 사요. 근데 그렇게 사면 다이소라도 몇만 원이 넘거든요. 그러니까 사실 마트에서 구매하려면 이렇게 사이즈별로 사기는 부담될 거라는 생각이 들어요. 이것들은 정말 최근에 너무 잘 샀다고 생각해요.

그럼 반대로 가장 불만족했던 상품은 무엇이었나요?

그릇이요. 사기그릇이었어요. 단면이 거친 거예요. 그리고 이가 잘 나갔어요. 사실 제가 다이소 그릇을 사서 만족했던 적이 딱히 없어요. 그래서 '다이소 물건은 싼 맛에 사는 거지, 자취생 물품이지' 이런 인식이 생겼던 것 같아요. 근데 최근에 가니까 많이 좋아졌더라고요. 요 근래 유리병이 필요했는데 다이소 유리병이 열탕까지 되더라고요. 몰랐어요. 역시나 유튜브에서 다이소 유리병에 열탕 표기가 되어 있다 해서 가서 봤더니 정말로 되어 있더라고요. 제가 샀던 그릇은 아마 그렇지 않은 상품들이었나 봐요.

지금 다이소 매장을 한 곳 생각해 본다면 어떤 지점이 가장 먼저 떠오르나요?

> 집이랑 가까운 독산점이요. 너무 많이 가서. 한 2~3년 동안 어디에 뭐가 있는지를 물어보지 않고 찾을 정도로 매일 갔다고 보시면 돼요. 입구부터 뭐가 어디에 진열되어 있었는지도 정확하게 떠올라요. 외울 수밖에 없을 만큼 자주 갔어요.

그 매장 주변의 분위기는 어떤가요?

> 거기가 사거리고 바로 옆에 큰 마트들이 있거든요. 그러다 보니까 인도도 굉장히 넓고 횡단보도가 한 세 개 정도 있고 되게 큰 거리의 코너에 있어요. 2층, 1층, 지하를 쓰고 있는데 그러니까 딱 봤을 때 확 개방된 느낌 있잖아요. 그런 느낌이 있어요. 독산점은 일단 보기에 이 건물이 다 다이소구나 싶고 다 유리문으로 되어서 물건들이 다 보이니까 약간 시원한 느낌이 있더라고요.

매장에 들어서면 어떤 느낌이 드나요?

> 사실 매장 안이 넓다는 생각은 안 들어요. 딱 들어가면 벌써 북적북적거리고 사람들이 줄을 서 있어요. 거기 왜냐하면 계산대가 있거든요. 줄이 어떨 때는 바깥까지 나와요. 입구가 굉장히 좁고 되게 혼잡해요. 그리고 들어가서 바로 오른쪽이 거의 시즌 상품이거든요? 자꾸 바뀌어서 그런지 아무래도 시선이 거기부터 가고. 또 아이가 들어가자마자 그 코너로 가거든요. 저는 이제 복잡하니까 아이 보고 "조심해."라고 하면서 들어가는 거죠. 물건이 굉장히 많아 보이는 그런 게 있어요. 되게 따닥따닥 붙어있네, 이

런 느낌. 우선 들어가면 1층에서 상품을 보고 지하로 먼저 내려가요. 지하에 문구가 있거든요. 아이가 2층은 절대 안 가려고 해요. 2층에 주방용품만 몰려 있으니까 올라가기 싫어해요. 제 거를 사려면 시즌 상품 코너를 먼저 보고 지하까지 들르고 나서야 겨우 2층을 갈 수 있는 거예요.

매장 안에서 이동하기에는 어떤가요?

1층은 좀 어렵고요. 지하는 괜찮아요. 지하는 아무래도 그런 계산 공간이 없다 보니까. 근데 계단 오르내릴 때 아이가 한 5살, 6살일 때는 되게 계단이 가파르다는 생각을 했어요. 너무 가기가 힘들어서 안고 간 적도 있고 그랬거든요. '머리가 부딪힐 수 있겠다', '조심해야겠다' 이런 생각이 들게 되어 있어요. 근데 거기마저도 벽에다가 깨알같이 상품 진열을 해 두셨거든요. 그걸 피해서 가야 하니까 아예 한쪽으로 붙어 다녀야 해서 좀 협소한 느낌이 들긴 해요.

직원들에 대해서는 어떻게 기억하세요?

항상 바쁘죠. 독산점이 작긴 하지만 손님이 많은 편이에요. 근데 직원이 지하에 한 명, 1층에 두 명, 2층에 한 명 있을까 말까 하거든요. 직원 수를 쉽게 셀 수 있을 정도예요. 한 분은 계산대에 계시고 한 분은 셀프 계산을 도와주세요. 도와주면서 1층 진열을 하시고. 지하는 상품을 정리하면서 고객들 응대하시고. 2층에는 사람이 안 보여요. 내가 볼 때 주로 창고에 계시는 것 같아요. 항상 거기서 나오시더라고요. 그리고 말 걸기가 진짜 어려워요. 한참 기다렸다가 쫓아다니면서 말을 걸어야 돼요. 그건 좀 아쉽더라고요. 왜냐하면 물품이 높은 곳에 있는 경우가 많아서 내릴 수가 없어요. 그럴 때는 직원 도움을 받아야 하는데 안 계시거나 응대하고 계시거나 해서 그건 좀 아쉽더라고요.

최근에 다이소에 갔던 경험을 공유해 준다면?

최근에 아이가 학교 준비물로 줄넘기를 가져가야 했는데 깜빡한 거예요. 그래서 밤 9시에 줄넘기 사러 갔다 왔어요. 밤 9시부터 10시 사이에도 많이 가요. 아이가 초등학교에 들어가면서 준비물이 필요한데 자주 까먹어요. 일요일 저녁에 놀러 갔다 오면 그제서야 갑자기 준비물 생각이 나요. 독산점이 다행히 10시까지 하거든요. '아, 맞다!' 하고 뛰어가서 사는 거예요. 그래서 그 시간대에 은근히 많이 가요. 그 시간에 문구점은 당연히 다 닫았고 특히나 일요일은 절대 안 열거든요. 저녁 때는 그렇고, 낮에 가게 되면 유튜브에서 봤던 가성비 물품을 주로 사요. 그래서 최근에 아까 말했던 테이프 그거랑 과탄산소다를 사러 갔어요. 아무래도 낮에는 혼자 가니까 주방용품을 많이 사러 가게 돼요. 그리고 얼마 전에 수전을 갈아야 했는데 일요일에는 철물점이 문을 안 열더라고요. 신랑이 다이소에는 이런 거 없을 거라고 했어요. 수전 같은 건 8mm, 10mm 이렇게 규격이 구별되잖아요. 신랑은 다이소가 수전을 규격별로 구별해 놓지 않았을 거로 생각한 거예요. 근데 다이소에 규격별로 있었어요. 그래서 공구를 사러 갔다 왔어요, 최근에는.

쇼핑몰이나 마트 같은 다른 소매점과 다이소는 어떤 차이가 있나요?

다이소는 작은 게 오히려 장점이라고 해야 할까요? 집 근처 대형 마트에 가서 아이가 원하는 걸 사려면 3층까지 가야 해요. 근데 아이가 어리면 그게 너무 멀어요. 그 안도 너무 넓은 거예요. 심지어 또 3층을 올라가서 더 안에 들어가야 장난감이 있고요. 그 장난감을 지나야 문구용품, 미술용품이 있어요. 그러니까 아이는 지치는 거죠. 거기도 물감이 있나 해서 갔던 건데 보니까 용량이 엄청난 거예요. 그러니까 선뜻 손이 안 가더라고요. 그리고 사실 그런 데 가면 물건의 변화가 많이 없어요. 그러니까 아이가 가도 재미없어해요. 다이소는 물건이 계속 업그레이드가 되더라고요. 그게 너무 좋아요. 다이소는 계속 바뀌어요. 진열도 바뀌고 상품도 바뀌고. 아이가 다이소에 가면 "오늘은 이게 바뀌었네!" 하면서 딱 들어가자마자 알아요. 저보다 눈썰미가 좋거든요. 특히나 장난감이 더 자주 바뀌는 것 같더라고요, 주방용품보다. 확실히 로테이션이 빠르고 아이디어 상품들이 많아요.

다이소에서 구매할 수 있는 상품의 선택지에 대해서는 어떻게 생각하나요?

선택의 폭이 넓지는 않아요. 사실 큰 마트 가면 똑같은 물품도 종류가 되게 많고 화방도 마찬가지죠. 근데 다이소는 그렇진 않죠. 근데 그래서 더 좋은 것도 있어요. 물건 종류는 적지만 디자인적인 선택지가 많지 않은 거지, 그 물건의 쓰임새가 바뀌는 건 아니잖아요. 오히려 빨리 결정할 수 있으니까 좋아요. 특히 아이랑 같이 갔을 때, 애들은 또 선택지가 많으면 결정을 잘 못 하거든요. 그리고 비슷한 가격대에서, 그러니까 거의 2천 원, 3천 원 사이에서 고민하게 하지, 천 원짜리부터 만 원짜리까지 고민하게 만들지는 않잖아요. 캐릭터 포스트잇 같은 거요, 마트에서는 기본 4천 9백 원부터 시작해요. 그러면 애들 선물 주기도 부담스러워져요. 근데 다이소에 가면 그거 천 원, 2천 원 해요. 마트는 이제 더 이상 그 정도의 가격으로 파는 게 없어요. 과자도 천 원짜리가 없잖아요. 근데 다이소에 가면 있으니까 너무 유쾌하게 돈을 쓸 수 있다? 그런 생각이 들었어요. 그렇다고 품질이 별로냐, 그것도 아니거든요. 사실 비싼 걸 사도 오래 쓰질 못해요, 요즘에는. 그냥 내가 원하는 목적만 이루면 된다고 생각을 하고요. 내가 어떤 용도로 쓸지만 확실하면 충분히 그 가치를 하니까. 구매한 목적만 달성됐다면 일회성일지라도 그 가치는 충분하다고 생각을 해요. 왜냐하면 그 정도의 가격이니까요.

다이소를 방문했을 때 상품 찾기, 둘러보기, 구매 결정, 결제 중 어떤 단계에 가장 많은 시간을 들이나요?

둘러보기요. 구경을 너무 많이 해요. 온종일 구경하고. 이제는 아이만 그런 게 아니라 저도 열심히 둘러보게 되더라고요. 이게 성공 경험이 중요한 것 같아요. 내가 이 브랜드에서 물건을 사서 성공한 경험이 쌓이잖아요? 그러면 실패한 경험도 잊어버리게 돼요. 10개 중에서 10개를 다 성공하는 건 아니지만 실패하더라도 크게 아깝지 않은 거예요. 왜냐하면 더 많은 성공 경험이 있으니까. 그러니까 그런 경험이 쌓일수록 '또 좋은 거 없나?' 하면서 보게 돼요. 새로 나온 거 없나 보고…….

방문했을 때 구매까지 이어지는 경우는 몇 퍼센트 정도인가요?

100퍼센트죠. 제가 다이소에 들어갈 때는 뭔가를 사기로 생각하고 들어가기 때문에 그렇고요. 추가 구매는 그때그때 다르죠. 둘러봤는데 괜찮은 게 있으면 더 사겠고 아니면 그것만 사고요. 그리고 아이는 들어갔으면 절대로 그냥 나오지 않아요. (웃음) 그러니까 저희는 다이소 방문하면 100퍼센트. 얘랑 간다면 '내가 뭔가를 사 주겠다' 하고 가는 거예요. "구경만 해."는 없어요, 다이소 가서.

다이소에서 상품을 살 때, 상품 한 개당 얼마부터 비싸다는 생각이 드나요?

5천 원부터는 비싸다고 느껴지더라고요. 사실 마트에 가면 5천 원도 싸다고 느끼거든요? 근데 다이소는 다른 물건들이 워낙 싸다 보니까 딱 5천 원이 붙으면 그때부터 고민하기 시작해요. 다이소에 갔을 때 하나만 사서 나오는 분들은 많이 없을 거예요. 싸다 보니까 개수가 자꾸 더해져요. 그러니까 5천 원이 더해지면 무섭거든요. 그러니까 딱 걸리는 금액이 5천 원인 것 같아요.

한 번 방문했을 때 최대로 지출한 금액은 어느 정도였나요?

되게 많이 써 본 적도 있어요. 7만 원 쓴 적도 있고…… 수납용품이랑 압축팩이랑 같이 사면 그 정도 나와요. 한번은 아이 생일잔치 준비하느라 돈이 되게 많이 들어갔어요. 대충 한 8만 원 든 것 같아요. 그때는 아이 친구들 줄 작은 선물 같은 걸 샀어요. 과자 담을 팩도 사고. 이런 게 쌓이면 금액이 커져요. 신랑한테 한 번씩 전화 와요. "다이소에서 뭘 샀는데 7만 원이 나오지?"라면서. (웃음)

다이소의 온라인 쇼핑몰도 이용해 본 적이 있나요?

사실 다이소에서 물건을 살 때 '오늘 내가 이걸 안 사면 안 돼' 이런 건 없어요. 그 물건을 반드시 다이소에서만 살 수 있는 것도 아니거든요. 근데 제가 다이소를 좀 신뢰하기 때문에 온라인으로도 구매해 볼까 했는데 제가 그 상품의 이름을 정확히 모르니까 검색하기가 쉽지 않더라고요. 오프라인은 분류가 되어 있고 내가 원하는 게 그 안에 있었는데 온라인 쇼핑몰은 그런 느낌이 아니었어요. 그래도 어찌저찌 장바구니에 잔뜩 담아 놓고 나중에 다시 보니까 '이게 필요 있어?'라는 생각을 하게 되더라고요. 화장실 솔을 넣어 놨다가도 '이 솔이 좋은가?' 이렇게 되는 거예요. 보지 못했으니까. 근데 오프라인은 또 그게 있잖아요. 몇 가지 중에서 빠르게 그냥 고르게 되지 이게 엄청나게 좋냐를 고민하지 않거든요. 그래서 빠르게 결정이 되는데 온라인으로 사려니까 그런 생각이 들더라고요. '쿠팡에도 한번 검색해 봐?'라는 생각도 들고. 쿠팡 배송이 더 빠르고 배송비도 무료거든요. 근데 온라인 다이소는 어쨌든 배송비 때문에 금액을 채워야 하니까. 상품이 천원인데 배송비를 생각 안 할 수는 없고. 그러니까 '그냥 가는 김에 살까?', '그냥 집에서 가까우니까 나중에 저녁에 가지 뭐' 이렇게 되는 거죠..

다이소를 떠올리면 생각나는 키워드 세 가지는?

일단 가격이랑, 다양한 물품. 아이가 한번 물어봤거든요. 다 있어서 이름이 다이소냐고. 그리고 세 번째는 일본 기업. 이건 제가 다이소를 계속 이용하면서 찾아봤어요. 일본에 수수료를 그렇게 많이 주지는 않는데 완전히 관계가 없는 기업은 아닌 것 같더라고요? 그래서 '진짜 일본 기업인가? 그러면 나는 소비를 어떻게 해야 하지?' 이런 고민이 좀 있어서 찾아봤어요. 사실 완전히 일본 기업이었다면 아이에게 제가 적극적으로 권하기는 조금 어려웠을 수도 있었겠다는 생각은 들어요. 정말 다이소가 100퍼센트 일본 브랜드였다면 그때는 조금 소비를 하기 어렵지 않았을까. 아이도 그런 흐름을 느끼고 하니까. 그런데 그런 건 아니라고 하니 쓰는 거죠.

온·오프라인을 막론하고 다이소와 비슷하다고 생각되는 브랜드가 있나요?

없다고 생각해요. 저는 거의 대체불가라고 생각해요. 이 정도 가격을 일반 마트에서는 더 이상 내놓지 않는 것 같고, 비슷한 가격의 비슷한 물건을 어떻게 찾으려면 찾을 수도 있겠지만 그 가격대로 그 구성품들을 한데 모아 놓는다는 것 자체가 쉽지 않은 것 같아요.

오직 목표물만 신속하게!

혼자 살고 있는 20대 남성 프리랜서 최우성 씨. 보통은 인터넷 쇼핑을 선호하지만 당장 필요한 생필품을 살 때는 다이소를 이용한다. 특히 휴지나 클리닝 티슈 같은 상품은 거의 매번 다이소에서 구매한다. 다이소에 큰 애정이 있거나 특별한 경험을 할 수 있는 장소라고 생각하지는 않지만 저렴한 가격과 높은 접근성, 친근한 이미지로 문턱이 낮다는 점은 장점으로 느낀다.

O

평소 물건을 어디에서 구매하나요?

네이버 아니면 다이소인데 인터넷을 좀 더 많이 쓰는 것 같긴 해요. 아무래도 장소에 구애받지 않고 이용할 수 있으니까. 관심이 가거나 필요한 물건이 생기면 시간 날 때 습관적으로 한 번씩 계속 들여다보게 되더라고요. 근데 간단한 물건은 굳이 하루 이틀 기다려야 하나 싶어서 직접 가서 사는 것 같아요. 그럴 때는 보통 다이소를 가장 자주 가는 것 같고요.

다이소에 방문하는 주목적은 무엇인가요?

휴지라든가 티슈 아니면 정리할 선반 같은 게 필요할 때. 당장 쓸 물건이 생각나야 가는 것 같아요. 비율로 따지면 생활용품이 거의 80퍼센트 정도. 나머지는 둘러보면서 어쩌다가 한 번씩 정말 간혹 구매하고요.

상품을 구입할 때 중요하게 생각하는 것은 무엇인가요?

사용 빈도, 가격, 크기요. 일단 뭔가 사 놔도 자주 사용 안 하면 바로 쓰레기가 되어 버리는 것 같아서 사기 전에 진짜 많이 사용할지 고민하는 편이고요. 가격은 비슷한 가격대에 기능이나 디자인이 더 나은 물건이 있을 수도 있으니까 되도록 한 번씩은 찾아보고 사는 것 같아요. 그리고 제가 책상이나 이런 데 뭘 올려 두거나 물건을 쌓아 놓고 쓰는 걸 안 좋아하거든요. 보기에도 안 좋고 제가 정리를 잘하는 편도 아니어서 좀 작고 편리한 걸 많이 선호해요. 그래서 크기를 고려하고요. 뭔가 사러 갈 때도 그렇고 제가 가방을 잘 안 들고 다니거든요. 보통 매장에 가면 손으로 들고 갈 정도나 겉옷 주머니에 넣을 수 있는 정도 크기의 물건만 한두 개씩 사는 것 같아요.

다이소는 주로 어느 지점을 많이 이용하나요?

보통 집 근처에 있는 난곡사거리점에 많이 가요.

그 지점을 자주 이용하는 이유가 있나요?

일단 거리가 가장 큰 이유고요. 그리고 다른 이유는 클리닝 티슈를 팔고 있어서. 이 티슈가 다른 매장에 없을 때가 있더라고요. 제가 지난번에 강남점이었나? 갔을 때 안 팔았거든요. 이거 사려고 갈 때가 제일 많은 것 같아요. 보통 일주일에 두 번 정도는 사요. 가끔 이틀에 한 번 살 때도 있고요.

그 지점의 주변 환경은 어떤가요?

동네 시장에 있는 느낌. 그쪽이 강남이나 그런 곳만큼 크게 번화

가는 아니어서요. 회사나 브랜드보다는 주택이 더 많기도 하고, 주로 이용하시는 분들도 아무래도 저처럼 자취하는 사람들이나 동네 어르신들이 많아서 시장 같은 느낌이 많이 드는 것 같아요.

매장 내부의 환경은 어떤가요?

그 매장이 약간 협소하거든요. 그래서 돌아다니기가 좀 불편해요. 특히 계산하는 곳으로 가는 길이 좀 많이 불편한데, 계산하려고 줄 서는 곳이랑 물건들 보러 지나다니는 통로가 구별이 안 되어 있어서 거길 지나칠 때는 서로 지나가겠다고 말을 하면서 다녀야 하거든요. 그런 게 많이 불편한 것 같아요. 그리고 물건이 그 주변을 둘러싸고 있는데 좁은 통로랑 같이 보이니까 답답한 느낌이 커요. 제가 거기 좁은 길목 돌아다니면서 어깨나 팔로 누가 쳐서 물건을 떨어뜨린 적이 되게 많거든요. 그런 게 연상이 되니까 들어갈 때부터 좀 답답하다는 느낌이 들어요.

매장에 들어가면 가장 먼저 어디로 향하나요?

아까 말씀드렸던 답답한 길목에 딱 그 클리닝 티슈가 있거든요. 그래서 거기에 가장 먼저 가는 것 같아요. 마스크랑 티슈, 눈썹 칼 같은 것들이 있는 곳이에요. 여기가 계산하러 들어가는 사람들이랑 밖으로 나가는 사람들이랑 저처럼 이런 거 사러 가는 사람들이 다 모이는 곳이라 좀 많이 복잡해요. 제가 여기 지나다니면서 마스크를 한 10번은 떨어뜨렸을 거예요. 사람들이 계산하려고 많이 서 있으니까 직원분들도 안내도 여러 번 하시는 편이고요.

다이소에 가장 최근에 방문했던 일을 이야기해 주세요.

> 아마 일요일 오후 한 5시쯤? 잠시 나갔다가 들어오는 길에 마침 집에 휴지도 없고 해서 사러 갔어요. 그날 유난히 사람이 많더라고요. 휴지랑 물티슈랑 마스크를 사러 간 거였는데 사람들이 입구부터 줄을 서고 있어서 기다렸다가 들어갔어요. 살 것만 챙겨서 계산 줄을 한 3~4분 정도 기다렸고요. 키오스크로 계산을 하고 바로 나갔죠. 출구가 계산하는 곳이랑 완전 가까워서 나가는데 1분도 안 걸리거든요. 나갈 때는 빨리 나가서 좋긴 한데 다닐 때는 또 불편하니까 그게 좋은 건지 나쁜 건지는 잘 모르겠어요.

들어가서 결제하고 나오기까지의 시간은 보통 얼마나 걸리나요?

> 기다리는 시간만 길지 않으면 물건만 사고 나올 때는 한 3~4분 정도 걸리는 것 같고요. 한 번쯤 둘러보고 싶은 날에는 한 8분 정도? 10분 좀 안 되게 있는 것 같아요. 사실 다이소를 이용한 지 얼마 안 됐을 때는 둘러보는 날이 더 많았거든요. 뭐가 있는지 잘 모르니까 호기심에서 오는 기대감도 살짝 있었던 것 같은데 지금은 어디에 뭐가 있는지 대략 알기도 하고 그렇게 특이한 물건은 없다 보니까 둘러보는 날이 그렇게 많진 않은 것 같아요. 전체적으로 사람이 많이 없고 한산할 때 정말 가끔 봐요. 거의 한두 달에 한 번씩. 둘러볼 때는 보통 그릇이나 컵 같은 거 많이 보는 것 같고요. 가끔 새로운 디자인의 그릇이나 접시가 있으니까 그런 거 구경하는 정도.

상품 찾기, 둘러보기, 구매 결정, 결제하기 중 어떤 단계에서 시간이 가장 오래 걸리나요?

다른 과정에 비해서는 제가 필요한 거 찾으러 가는 그 시간이 가장 긴 것 같아요. 위치를 알고 있는 거면 1~2분 정도 걸리고요. 모르는 건 3~4분 정도. 사실 제가 모르는 사람한테 말을 잘 못 걸어서 어지간하면 점원분들한테 말씀을 잘 안 드리거든요. 근데 혼자서 둘러보다가 결국 못 찾아서 여쭤보더라도 그 정도 걸리는 것 같고요. 보통은 살 게 확실하기도 하고 가격대가 높은 물건이 많이 없기도 하니까 둘러보거나 구매 결정하는 데는 시간을 많이 사용하지 않아요.

그다음으로 시간이 좀 걸리는 게 결제하기. 상품 결제 자체는 사실 그렇게 오래 안 걸리는데 기다리는 시간이 좀 많이 걸리는 것 같아요. 무인 계산대가 네 대 있고 점원이 계산해 주는 곳이 하나 있거든요. 어르신이나 좀 나이가 있는 분들은 키오스크에 익숙하지 않으셔서 무인 계산대가 비어 있어도 점원 계산을 기다리는 경우가 많아요. 보통은 점원분들이 계시다가 뒤에 저 같은 사람들이 서 있으면 앞에 키오스크 비어 있다고 안내해 주세요. 그게 생긴 지 얼마 안 되어서 좀 더 걸리는 것 같기도 한데 나중에 사람들이 키오스크 사용에 익숙해지면 시간이 좀 많이 단축되지 않을까 하는 생각이 들어요.

다이소에 방문해서 구매까지 하고 나오는 경우가 몇 퍼센트 정도 되나요?

저는 거의 95퍼센트 정도 되는 것 같아요. 다이소 갈 땐 뭘 사야 할지 정해 놓고 가니까요. 그래서 찾는 물건이 없을 때 빼고는 안 사고 나오는 경우가 잘 없는 것 같아요. 휴지를 사러 가면 갑 티슈만 있고 두루마리 휴지는 없을 때가 정말 가끔 있어요. 그럴 때 빼고는 거의 사서 나오죠.

필요한 상품을 찾을 수 없을 때는 어떻게 하나요?

혹시 이 물건 없냐고 점원분께 여쭤보고요, 없으면 그냥 순응하고 집으로 가요. 보통 하루 정도면 다시 물건이 들어오는 것 같아서 기다렸다가 다시 가서 사는 편이에요.

다른 곳에서 살 수도 있을 텐데, 다이소에 상품이 입고되길 기다렸다가 구매하는 이유가 있나요?

집 근처 시장에도 휴지를 파는 곳들이 있긴 한데 비슷한 가격대에서 질이 많이 안 좋다고 느껴져요. 제가 자취를 한 지 얼마 안 됐을 때는 잘 모르니까 아무 휴지나 사서 썼는데요, 어릴 때 집에서 쓰던 것보다 너무 별로여서 '원래 이 정도 가격대 휴지들은 다 이 모양인가?' 이런 생각이 들더라고요. 그래서 다이소에서 처음 샀을 때도 별 기대가 없었어요. 근데 의외로 피부에 닿는 촉감이 너무 괜찮은 거예요. 제가 비염이 심해서 휴지를 많이 사용하다 보니까 살짝 민감한 편인데 동네 마트에서 파는 휴지보다 다이소에서 취급하는 휴지가 좀 더 괜찮더라고요, 오히려 더 저렴한데도. 사실 더 괜찮은 휴지를 사려면 인터넷에서 시키고 기다리거나 백화점까지 가서 좀 더 가격대가 높은 상품을 사야 하는데 굳이 휴지 사러 차로 10분, 20분 걸리는 백화점까지 가고 싶진 않으니까 거리나 금액대를 고려했을 때 가장 괜찮은 선택이 다이소라고 생각하거든요. 12개 정도 들어 있는데 4~5천 원 정도니까 가격도 가장 부담 없고 괜찮은 것 같아요.

지금까지 다이소에서 구매했던 것 중에 가성비가 가장 좋다고 생각했던 상품은 무엇인가요?

클리닝 티슈가 가장 좋은 것 같아요. 눈에 보이는 어지간한 건 이걸로 다 닦거든요. 안경도 자주 닦고, 청소할 때 모니터나 태블릿, 펜, 패드 다 닦아요. 양도 생각보다 많은 것 같고 카메라까지 모든 액정에 다 쓸 수 있으니까 이걸로 다 해결된다는 느낌이 있어요. 보통 휴지나 물티슈는 표면이 거칠 때가 있어서 액정이 상할 수 있거든요. 근데 이건 그런 것도 없고 소독도 된다고 하니까 위생적으로 괜찮다고 생각해요. 향기도 옛날엔 진짜 알코올 냄새밖에 안 났는데 한 번 리뉴얼하더니 레몬 향인지 오렌지 향인지 나서 쓰기 좋아요. 근데 규격 자체는 리뉴얼하기 전이 더 나은 것 같아요. 지금은 큰 게 스무 개가 들어 있는데 예전엔 이걸 반으로 나눠 쓸 수가 있어서 개별적으로 사용하기 편했거든요.

반대로 가장 아쉬웠던 상품은 무엇인가요?

> 가끔 마우스나 컴퓨터 같은 걸 분해하고 조립할 때 드라이버를 써야 하는데 요새는 모니터에 앞부분이 별 모양으로 된 나사가 많이 쓰이거든요. 그 나사에 맞는 드라이버를 찾으려고 제가 다이소에서 드라이버를 정말 많이 사 봤어요. 근데 그런 예외적인 규격의 나사에 사용할 수 있는 드라이버가 없더라고요. 그래서 그런 건 따로 인터넷에서 구매했어요. 다이소 드라이버는 3천 원이든 4~5천 원이든 규격이 다 비슷한 것 같아서 별로라고 느꼈던 것 같아요.

평균 한 번에 얼마 정도의 금액을 지출하나요?

> 보통은 만 원도 안 돼요. 제일 많이 썼을 때가 자취 처음 시작해서 건조대, 청소용품, 쓰레기통…… 뭐 이것저것 샀을 땐데, 다 합해서 2만 얼마 정도 들었던 것 같아요. 그때 말고는 한 번 갔을 때 6~7천 원 정도 쓴 것 같고, 티슈만 살 때는 1~2천 원 쓸 때도 있고요. 거의 사는 상품들이 4천 원 내외였던 것 같아요. 솔직히 접시 같은 것도 1~2천 원밖에 안 하니까 5천 원 넘는 물건이 있으면 '이걸 굳이 여기에서 사야 할까?'라는 생각이 들 것 같아요. 그 정도를 내고 살 바에는 다이소가 아니라 무인양품 같은 곳에서 사는 게 괜찮지 않을까 생각해요.

다이소 멤버십을 사용하나요?

> 제가 다이소를 3~4년 동안 사용하면서 멤버십 적립한 적은 한 번

도 없어요. 귀찮아서가 가장 크고요. 롯데포인트나 스타벅스 같은 건 적립해야겠다는 생각이 들 때가 있는데 다이소에서는 적립을 잘 안 하게 되더라고요, 자주 가는데도 불구하고. 이유를 진지하게 생각해 본 적은 없는데, 아마 '물건이 저렴한데 적립까지 해야 할까?'라는 생각이 좀 있던 것 같아요.

다이소를 표현하는 키워드 세 개를 꼽는다면?

저렴하고, 좀 만만하고, 휴지(웃음). 그 정도인 것 같아요, 저한테는.

온·오프라인을 막론하고 다이소와 비슷한 브랜드가 있다면?

굳이 비슷한 느낌까진 없는 것 같아요. 아트박스나 이런 곳이 떠오르긴 하는데 인테리어라든가 그런 부분에서 다이소랑 다르지 않나 해서요. 솔직히 다른 매장들은 취급하는 상품이 좀 더 깊이가 있다고 해야 하나? 다이소는 폭넓게 여러 가지를 취급하니까 깊이는 좀 얕다는 느낌이 들어요.

오직 다이소에서만 할 수 있는 경험이 있을까요?

그런 건 없는 것 같아요. 다이소에서만 파는 물건이 있는 것도 아니고 다른 곳들에서도 비슷한 물건을 살 수 있으니까요. 좀 더 저렴하고 친숙하다는 점에서 메리트가 있는 거지 다이소에서만 할 수 있는 경험이 있다고 생각하진 않아요. 무난하고 쉽다는 느낌은 들지만 특별하다는 느낌은 없어요.

앞으로도 다이소를 계속 이용할 예정인가요?

> 네, 특별히 대체할 수 있는 곳이 없는 한 다이소를 이용할 것 같아요. 일단 가까운 거리에 있으니까 너무 편해서요. 그리고 예정에 없던 필요 없는 물건을 사더라도 죄책감이 덜한 느낌이기도 하고요. 근데 만약에 더 가까운 곳에서 같은 가격에 비슷한 품질의 물건을 판다면 거기서 사지 않을까, 그런 생각은 좀 드네요.

마지막으로 다이소에 바라는 점이 있다면?

> 공간이 좀 더 넓었으면 좋겠다는 게 제일 크고요. '둘러보는 맛'이 있으면 좋겠어요 다이소는 확실히 목적이 있을 때만 가게 되더라고요. 아트박스나 29CM 같은 곳들은 굳이 뭔가를 찾지 않아도 둘러보는 맛이 있거든요. 매장 인테리어가 카페처럼 괜찮을 때도 많고, 예쁘고 귀여운 디자인도 많아서 그런 걸 하나씩 보는 맛이 있는데 다이소는 좀 더 딱딱한 느낌이라 굳이 목적이 없으면 찾지 않게 되는 것 같아요.

다이소 야탑점이 좋아

배우자와 단둘이 살고 있는 50대 여성 직장인 권준아 씨. 활동적인 라이프스타일을 가진 취미 부자라 늘 시간이 부족하다고 느끼기 때문에 효율성과 합리성을 생각해 쇼핑하는 편이다. 여러 다이소를 가 봤지만 분당야탑점만큼 만족스러운 매장은 없었다. 해당 매장과 약간 떨어진 곳으로 이사 간 지금도 굳이 시간을 들여 그곳을 찾을 정도다. 준아 씨에게 다이소는 만남의 장소이자 남편과의 소소한 데이트 스팟이다.

O

평소 어떤 소비 습관을 갖고 있나요?

충동 구매를 안 하는 편이에요. 항상 쓰는 브랜드랑 소비 패턴이 정해져 있어서 특별하게 정말 꽂히는 거 아니면 변화가 없어요. 계획된 것만 사니까 고민하는 시간도 좀 짧고, 집중해서 확 사고 후회 안 하는 스타일. 취미가 많아서 시간이 항상 부족하다 보니까 쇼핑도 효율적으로 하는 걸 좋아하는 편이에요. 오프라인보다는 온라인으로 사는 경우가 한 7대 3 정도 비율로 좀 높고, 쟁여 두는 쪽은 아니어서 필요할 때마다 조금씩 사고요.

상품을 구입할 때 중요하게 생각하는 것은 무엇인가요?

1순위가 가성비고 두 번째가 디자인, 그다음이 내구성이에요. 요즘 웬만한 물건은 내구성이 좋아서 막 허접한 게 사실 그렇게 많지는 않아요. 근데 이왕이면 생필품이나 인테리어 용품이나 옷 같은 건 이왕이면 보기 좋은 걸 따지거든요. 원하는 스타일이 있으니까. 그게 좀 중요해요. 예쁜 것도 좋지만 심플하게 정돈되어 보이는 걸 선호하죠.

구매처는 주로 어디인가요?

> 쿠팡, 스타필드, 다이소, 홈플러스 이렇게 이용합니다.

다이소에서는 어떤 물건을 주로 구매하나요?

> 다양한데요, 대표적으로는 사무용품이나 주방용품이요. 사무용품은 거의 다이소에서만 구매하는 것 같아요. 파일, 볼펜, 노트, 테이프, 화이트, 모니터 받침대도 다이소에서 샀고 책상에서 쓰는 거의 모든 사무용품은 쿠팡보다도 다이소에서 사요. 물론 쿠팡에 예쁜 게 더 많고 종류도 많지만 좀 대량 구매를 해야 해서 그런 건 낱개로 살 수 있는 다이소에서 사요. 그리고 밥그릇 같은 주방용품 사야 할 때는 그냥 다이소로 가는 것 같아요. 주방용품은 다이소랑 쿠팡이 한 6대 4 정도. 맨날 밥 먹는 밥그릇, 국그릇, 접시 이런 거 다이소에서 샀고요, 얼마 전에 김치통도 다이소에서 사서 의외로 만족하고 있어요.

다이소에서 사지 않고 쿠팡에서 사는 상품은 어떤 것들이 있나요?

> 샴푸, 린스, 화장품, 세제, 휴지 같은 공산품들은 거의 90% 넘게 쿠팡에서 사요. 다이소에도 팔기는 하는데 제가 좋아하는 브랜드가 아니어서. 공산품 같은 건 이왕이면 통이 좀 예쁘고 친환경 성분이고 그런 걸 좋아하거든요. 쿠팡에는 종류가 많아서 그런 필요를 좀 다양하게 만족시켜 주기도 하고, 그리고 지금 말씀드린 공산품들은 무겁잖아요. 그런 것들은 쿠팡에서 주로 사죠.

다이소와 쿠팡의 가장 큰 차이는 뭐라고 생각하나요?

쿠팡은 온라인이고 종류도 워낙에 많고 규모 면에서는 거의 '역대급'이죠. 근데 그 쿠팡을 다 뒤질 수는 없잖아요. 다이소는 아무래도 눈으로 보고 정말 가성비 좋은 걸 내 손으로 딱 잡아서 구매하는 묘미가 있죠. 쿠팡이랑 다이소는 완전히 다른 세상인 것 같아요.

자주 방문하는 다이소 지점이 있나요?

제가 주로 이용하는 곳은 제가 굉장히 오래 살았던 분당 야탑에 있는 분당야탑점이거든요. 야탑역 앞에 바로 있어요. 제가 서울·경기 통틀어서 거기처럼 잘 되어 있는 데를 못 본 것 같아요. 지금은 이사를 와서 몇 정거장 가야 하는데도 다이소를 갈 일이 있다 하면 그 매장으로 가요. 남편이랑 같이 가기도 하고, 누굴 만날 때 약속 장소로 이용하기도 하고요. 거기가 한 층에 물건이 다 있고 업데이트가 굉장히 빨라요. 그만한 데는 못 본 것 같아요. 지하에 있는 매장인데, 저희가 여러 번 가서일 수도 있지만 한눈에 딱 보이거든요. 그릇을 보려면 어디로 가야 될지 그런 게 한눈에 들어와요. 다른 다이소에 없는 물건도 많이 있고요.

현재 살고 있는 집 주변에는 다이소가 없나요?

조그마한 다이소가 있긴 있어요. 근데 거기는 저랑 남편이 다이소가 아니고 '다없소'라고 그러거든요. 진짜 뭐가 없어요. 그래서 분당야탑점에 가는 거예요. 야탑점은 종류도 많지만 진열도 되게 합리적으로 잘 돼 있고 디자인도 굉장히 다양해요. 그래서 시간이 뜨거나 할 때 둘러보면 '이런 것도 있었네' 하고 약간 충동 구매 욕구를 불러일으키는 거, 딱 마음속에 저장하는 게 꼭 생기더라고요. 버스 기다리다가도 한 번씩 일부러 내려갔다 온 적도 있고요. 남편도 같은 얘기를 하더라고요. 그렇게 품목이 다양한 데를 못 봤어요. 다른 다이소를 가도 '역시 야탑만한 데가 없군' 하고 생각하게 돼요. 그 지점 때문에 다이소를 좋아하게 된 것도 있는 것 같아요.

다이소에 목적을 가지고 방문하는 경우와 그렇지 않은 경우의 비율은 어떻게 되나요?

계획해서 들르는 건 전체를 10이라고 하자면 3 정도밖에 안 되는 것 같아요. 근데 그게 충동 구매한다는 의미는 아니에요. 예를 들면 술잔이나 찻잔 같은 걸 구경하다가 '이렇게 예쁜데 2천 원밖에 안 해?' 싶은 물건이 있다거나, 뭔가 꽂히는 게 있어도 저랑 남편은 그 자리에서 지르지 않고 그냥 가요. 일단은 당장 사지 않고 자제를 하는 거죠. 그러다 자꾸 생각나고 그러면 다음에 갔을 때 또 보고, 두 번 세 번 볼 때까지 걔가 예뻐 보인다 싶으면 그때 사죠. 그리고 그 가성비에 되게 뿌듯해하면서 만족해요. (웃음) 근데 갈 때마다 뭔가 '이런 것도 있었네?' 하는 게 항상 생기는 것 같긴 해요.

보통 매장을 둘러보는 시간은 어느 정도 걸리나요?

시간으로 말하면 1시간 가까이도 둘러본 적 있는 것 같아요. 급하지 않으면. 저처럼 카트 밀면서 몇 바퀴 도시는 분들 많아요. (웃음) 저는 일단 관심 분야, 문구나 주방 쪽에 먼저 간 다음에 전반적으로 돌아요. 꼼꼼하게 보면 '이런 것도 있었네' 하는 신기한 게 항상 있어요. 업데이트를 되게 부지런히 하는 것 같고 상품 분류도 잘 되어 있어서 좋아요.

최근에 구매한 상품이 있다면 소개해 주세요.

(엄지손가락을 보여 주며) 제가 이거를 요즘 끼고 다니는데, 제 엄지손가락이 방아쇠 수지 증후군, 그런 게 있는 것 같아요. 근데 손가락에 파스를 붙이려니 맞는 게 없잖아요. 그래서 뭔가 잡아 주는 게 있으면 좋겠다 싶어서 쿠팡에 검색해 봤는데 사람들이 그다지 만족해하는 것 같지도 않고, 너무 비싸고 해서 안 샀거든요. 최소 만 원 후반대에서 몇만 원까지도 하는데 상품평이 그저 그렇더라고요. 그래서 그렇게까지는 쓰고 싶지 않고, 거창하지 않으면서 뭔가 쓸 만한 게 있지 않을까 하는 기대로 다이소에 갔던 거죠. 여기는 뭔가 있지 않을까, 하고. 근데 이 손가락 보호대가 있더라고요. 헝겊이라 약간 보풀이 일기는 하는데 딱 꼈을 때 깁스처럼 아무래도 덜 움직여지게 되더라고요. 그래서 쓰고 있고요.

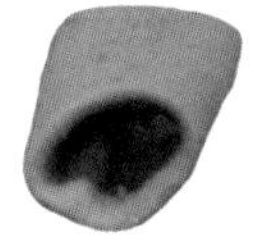

그리고 제가 말을 많이 하는 직업이다 보니까 일할 때 주변에 항상 먹을 걸 두는데, 제가 치즈를 굉장히 좋아해요. 그래서 덩어리 치즈를 썰어 가지고 다닐 조그마한 밀폐 용기 같은 게

있으면 좋겠다 싶은 거예요. 다이소 가기 전에 쿠팡에도 검색을 해 봤는데 적당한 사이즈가 없더라고요. 다이소에는 있지 않을까 하고 가서 산 거고 되게 만족해요. 일상 속에서 쓰기도 하고, 백패킹 갈 때도 되게 유용하고…… 그리고 너무 귀엽잖아요. (웃음)

그다음에는 김치통이 있죠. 저희가 집에서 김장을 조금 하는데 작년 겨울에 김치통이 부족해서 쿠팡에서 알아보다가 가격대가 좀 높길래 다이소에 갔는데 김치통이 너무 가볍고 좋은 거예요. 사실 저는 가벼워서 내구성이 없을 줄 알고 남편한테 "이거 너무 약한 것 같아. 김치통은 그래도 락앤락 같은 거 쿠팡에서 사야 하지 않나?" 그랬는데 남편이 사자고 해서 샀어요. 막상 써 보니까 괜찮더라고요. '어떻게 이렇게 가벼운데 이렇게 단단하지?' 싶었어요.

다이소를 이용하면서 특별히 기억에 남는 일이 있나요?

제가 지금은 음주를 아예 안 하는데 원래 남편이랑 같이 술 마시는 걸 좋아했어요. 근데 어느날 다이소에 가서 소주잔만한 생맥주잔을 발견했는데 너무 예쁜 거예요. 그렇게 조그맣게 만들면 불투명한 접합 부분도 생길 것 같고 한데 정말 수정처럼 투명하고 너무 예쁜 거예요. 그게 하나에 천 원이었어요. 그때는 일단 안 사고 그다음에 뭔가 필요해서 갔을 때 그게 있는지 또 보러 갔는데 아직 있더라고요. "이건 사야 해." 하고 사서 지금까지도 찬장 열 때마다 보이면 만족스러워요. 지금은 술을 잘 안 먹고 있는데도. 근데 제가 저번 달에 가서 남편이랑 둘러보다가 이걸 아직도 파는 걸 발견했는데, 하나에 2천 원인 거예요. 100퍼센트가 올랐잖아요. 너무 개인적인 소소한 거긴 한데, 저희로서는 충격이었어요. 약간 은밀한 뿌듯함. '나는 이거 천 원에 샀는데' 하는. (웃음)

다이소에서 불편했던 경험이 있나요?

불편했다기보다는, 여기도 안 파는 게 있나 하고 생각했던 적이 있어요. 저희 친정엄마가 팔 토시가 필요하다고 하셨는데 쿠팡이 의외로 비싸더라고요. 그래서 다이소 분당야탑점에는 당연히 있겠지 하고 갔어요. 근데 아무리 뒤지고 뒤져도 없어서 직원분까지 불렀는데 없더라고요. 평소에는 직원 잘 안 부르거든요. 그냥 평범한 면 토시면 좋겠는데……. 그래서 여기도 안 파는 게 있구나 싶어서 약간 서운했어요. 저희 동네에 있는 건 너무 작은 곳이라 아예 기대를 안 했고, 야탑 다이소에 없길래 다른 곳은 굳이 안 가 봤어요. 그건 결국 쿠팡에서 비싸게 주고 샀던 것 같아요.

다이소의 온라인몰도 이용해 본 적이 있나요?

몇 년 전이긴 한데 딱 한 번 사 본 적이 있어요. 근데 그렇게 만족스럽지는 않더라고요. 다이소는 보는 재미가 많아서 가서 직접 둘러보는 게 좋고, 또 좋아하는 특정 매장이 있으니까 굳이 앱까지는 사용하지 않아도 될 것 같아서 그냥 삭제했어요.

다이소 멤버십을 사용하나요?

처음에는 앱도 썼었는데 요즘은 그냥 사용 안 하고 사요. 근데 가입이 되어 있긴 해요. 핸드폰 번호만 누르면 되는 건데 이상하게 안 하고 건너뛰게 되더라고요, 귀찮아서. 그리고 가끔가다 현금으로 결제할 일이 있어서 직원분들한테 가도 "멤버십 있으세요? 적립하시겠어요?" 하고 물어보시면 괜히 수고로우실까 봐 "아무것도 없어요, 그냥 해 주세요." 그래요.

다이소 상품의 품질은 어떤가요?

의외로 내구성 괜찮고 의외로 다양해요. 근데 다이소 상품을 추천한다면 저는 다이소 분당야탑점까지 패키지로 같이 추천할 것 같아요. 일단 물건이 다양하게 많은 야탑점에 가 보라고 하고 "다이소 물건 괜찮아." 이렇게 말할 것 같아요. (웃음) 근데 정말로 뭔가 가까운 사람한테 소소하게 선물하고 싶을 때도 한번 둘러볼 만할 정도로 다이소가 많이 괜찮아진 것 같아요. 이건 지역 안 따지고 전반적으로. 제가 잘 아는 지인이고 취향을 알 정도라면 특별히 비싸지는 않아도 색다르고 예쁜 선물 주기에 괜찮은 것 같아요. 요즘 다이소 물건이 더 다양하고 더 좋아졌더라고요. 조카뻘 되는 지인한테 예쁜 커피잔 같은 거 선물한 적 있어요.

반대로 누군가 다이소에서 선물을 사 준다면 어떨까요?

예쁘고 실용적이라면 좋아요. 어디서 샀냐고 물어봤을 때 만약에 다이소에서 샀다고 하면 어느 동네 다이소냐고 물어볼 것 같아요.

다이소에 추가되었으면 하는 상품이나 바라는 점이 있나요?

> 밴드라든지 소소한 약품 같은 게 의외로 종류가 별로 없어요. 약국 찾는 분도 계시겠지만 다이소는 그래도 통상 약국이 잘 안 여는 주말에도 하니까 그런 밴드나 기본 비상약 같은 걸 좀 잘 구비해 놓으면 좋을 것 같아요.
>
> 그리고 제가 다이소를 정말 여러 군데 가 본 것 같은데 조명이 대부분 정말 하얀 형광등이에요. 딱 가면 눈이 부셔서 피로할 정도로 너무 하얘서 약간 좀 싼 느낌도 들고, 그냥 편안하고 밝은 빛이었으면 좋겠어요. 노란 전구까진 아니어도 약간 아이보리 정도 되는 조명으로?

다이소를 떠올리면 생각나는 키워드 3가지를 말해 주세요.

> 가성비, 요즘 대세, 약속 장소. 일단 가성비는 말할 것도 없고, 인스타그램에 뜨는 걸 보면 요즘 대세라는 생각이 들어요. 출근할 때 인스타를 자주 보는데 '가성비 다이소 꿀템' 이런 거 되게 많이 뜨더라고요. 보다 보면 내가 알던 것도 있고, '이런 것도 있어?' 할 때도 있고. 그러면 야탑에 갈 일 있을 때 찾아볼까 생각도 들고. 요즘은 SNS 때문에도 찾게 되는 것 같아요. 제가 모르던 게 인스타에 '핫템' 이렇게 뜨면 관심 있게 보고 있어요. 그리고 다이소에 있다 보면 꼭 뭘 사지 않아도 "일단 여기로 와." 이렇게 통화하면서 돌아다니는 사람들이나 아이쇼핑만 하는 사람들도 은근 많거든요. 약속 기다리는 사람들이 많이 보여서 약속 장소라는 말이 떠오르네요.

국내에 다이소와 비슷한 브랜드가 있다고 생각하나요?

> 잘 생각은 안나지만 천 원짜리 숍을 표방하는 걸 들어본 것 같긴 한데, 다이소 버금가는 건 없는 것 같아요. 별로 눈에 띄지도 않고.

오직 다이소에서만 할 수 있는 경험이 있다면?

> 진짜 먹고 입는 거 빼고 웬만한 건 그 안에 다 있어요. 다이소에서 다 해결이 되고 한 번에 살 수 있죠. 그러니까 그런 점에서 다이소 같은 데는 없는 것 같아요. 약간 백화점 같은데 가성비까지 좋은. 말하다 보니까 제가 다이소를 되게 좋아하고 있는 것 같네요. 제가 무지 사랑하고 있네요, 다이소를. (웃음)

슬기로운 여의도 직장인의 다이소

부모님, 반려견과 살고 있는 30대 남성 직장인 조이레 씨. 회사에서 필요한 사무용품, 간단한 간식류를 구매하기 위해 일과 중 직장 근처 다이소를 자주 방문한다. 가격 부담이 적어 구매 예정에 없던 상품을 구매하기도 하고 호기심이 생기는 새로운 간식을 사서 맛보기도 한다. 제휴와 적립 혜택을 놓치지 않고 꼼꼼히 챙기는 편이지만 다이소의 적립률이 낮은 점은 아쉽다.

○

평소 어디에서 물건을 구매하나요?

자주 이용하는 곳은 네이버 스마트스토어, 동네 마트, 다이소, 편의점 이 정도인 것 같아요. 일단 기본적으로는 인터넷에서 많이 구매해요. 싸고 가성비가 좋아서요. 근데 아무래도 배송비가 드니까 아까워서 인터넷으로 살 때는 한 번에 많이 구매합니다. 예를 들어 다이소에서 어떤 간식을 처음 사서 먹어 보고 맛있다 싶으면 인터넷에서 대량으로 사고 그러는 거죠. 급하게 필요한 물건 같은 경우에는 오프라인을 쓰고, 당장 사용할 것 위주로 구매하는 편입니다. 먹을 것 같은 경우는 동네 마트나 편의점에 가고, 다이소에서는 회사에서 쓰는 사무용품 같은 걸 사러 이틀에 한 번은 가는데 그때 제 간식거리도 좀 사고 그래요. 제가 거기서 파는 옥수수 쫀드기를 좋아해요. 그거 말고도 처음 보는 간식 있으면 신기해서 테스트 삼아 먹어 보고 그래요.

다이소 앱이나 온라인몰도 이용하나요?

사실 제가 다이소 앱을 그렇게 많이 쓰지는 않아서 거의 안 보거든요. 별로 메리트가 없는 것 같아요, 어플은. 온라인도 뭐 '샵다이소'인가 그런 이름인 것 같더라고요. 그런 게 있다는 건 아는데 한 번도 써 본 적은 없어요. 제가 자주 가는 다이소가 굉장히 접근성이 좋아서 거기 그냥 가서 사면 된다는 게 첫 번째 이유고, 일단 제 입장에서 다이소는 배송을 기다리지 않고 바로바로 사서 쓸 수 있다는 게 장점인데 그게 아니라면 경쟁력이 좀 떨어진다고 생각해요. 할인이나 적립 등 모든 면에서.

자주 가는 다이소 지점은 어디인가요?

여의도점이요. 방문 횟수가 제일 많아요. 가장 익숙하고. 회사 바로 앞이라 가기 편해요. 그래서 휴식할 때 가거나, 회사에서 쓰는 사무용품 중에 건전지나 일회용품 같은 좀 급하게 필요한 물건이 떨어지면 한 번씩 사러 갔다 오고, 그러면서 겸사겸사 제 것도 사요. 출퇴근하는 역 근처에도 다이소가 있긴 한데 역에서는 가깝지만 집이랑은 좀 떨어져 있어요. 그러다 보니까 출근할 때는 아침이라 힘들고, 퇴근할 때는 사실 거기 잠깐 들르는 시간도 아까워요.

다이소 여의도점의 특징이 있나요?

보통 2~30대, 많이 높게 잡아 봐야 40대 정도가 방문하는 것 같아요. 주변이 다 회사다 보니까 보통 회사원들이 많이 오는데, 그 이상 연배가 있으신 분들은 시키거든요. "사 와." 이렇게. (웃음) 그리고 매장 주변에 사람이 많아요. 그게 지하 1층에 있는 매장인데 바로 위에 올리브영이 있고 바로 앞에 큰 사거리가 있어요. 그래서 거기에 사람들이 항상 바글바글 모여 있거든요.

단층 매장인가요?

네. 지하 1층에 있는 단층 매장인데, 오히려 좋아요. 층 많으면 귀찮죠. 여러 번 올라가고 내려가고 그래야 되잖아요. 여의도점은 한 층이라고 해도 점포가 넓어요. 다른 다층 매장에 비해서 그렇게 좁지는 않더라고요, 전체적으로.

가장 최근에는 어떤 일로 방문했나요?

보통 오후 한 3~4시쯤 뭐 좀 먹을 거 있나 하고 가거든요. 그때가 사실 배가 고플 때라…… 최근에는 그냥 아이스크림 사면서 강아지 용품이나 간식 뭐 새로운 게 있나 보러 갔었어요. 근데 없어서 그건 안 샀고 여권 지갑을 하나 샀어요. 원래 살 생각은 없었는데 그냥 둘러보다가……. 조만간 여행 갈 거라 여권을 새로 발급받았는데, 뭔가 이게 있으면 관리도 되고 그럴싸하겠다 싶어서 샀어요.

원래 구매하려고 했던 상품이 아닌데 구매하게 된 경우가 또 있었나요?

모니터를 두는 나무 선반 같은 게 있어요. 받침대라고 해야 하나? 그걸 비교적 최근에 샀어요. 그것도 살 생각 없었는데 있으면 괜찮겠다 싶어서 샀어요. 그게 모바일/전자 그쪽 코너에 있었거든요. 그때 뭐 사러 갔었지? 아마 무슨 프린터 연결선 같은 걸 사러 갔던 것 같은데 그것 때문에 갔다가 선반도 괜찮겠다 싶어서 샀거든요. 지금 회사에서 잘 쓰고 있습니다.

만약 다이소에 왔는데 문을 닫은 상황이라면 어떻게 했을까요?

> 편의점을 갔을 겁니다. 실제로 자주 가고 있고요. 다이소보다는 편의점에 할인 혜택이 좀 많긴 해요. 다이소에서는 1+1 행사 같은 건 잘 안 하잖아요. 카드 제휴 같은 것도 잘 안 하고요. 편의점들은 보통 매달 1+1 행사, 2+1 행사를 하는데 이런 할인이나 혜택 같은 면에서 밀리죠. 다이소는 0.1퍼센트 적립이 다인데.

멤버십 적립을 이용하나요?

> 합니다. 꽤 오래전부터 한 것 같아요. 2018년인가 2019년인가 그때부터 썼던 것 같은데……. 구매 금액의 0.1퍼센트가 적립되는 건데, 상당히 메리트가 떨어진다고 보지만 일단 있으니까 하긴 해요. 그리고 적립을 해 놓으면 전자영수증을 받을 수 있어서 나중에 혹시라도 환불할 일이 생겼을 때 앱만 보여 주면 되거든요. 그런 용도로 하는 거지 뭐 적립에 큰 의미는 없는 것 같아요.

그 방법으로 환불해 본 적이 있나요?

> 있어요, 제가 급하게 이어폰이 필요했는데 그냥 한 번 쓰고 말거라 다이소에서 샀어요. 근데 집에 가니까 유선 이어폰이 있는 거예요. 굳이 필요 없겠다 싶어서 환불을 하려고 했는데 저는 습관적으로 영수증을 받으면 찢어서 버리거든요. 그래서 앱에 있는 영수증 보여 주고서 환불을 받았죠.

적립한 포인트를 사용해 본 적이 있나요?

아뇨. 제가 이렇게 다이소 이용하면서 한 500~600 포인트 정도 쌓았는데 그거 당근으로 나눔했어요. 그 사람도 멤버십 앱에 가입이 되어 있고 제가 그 아이디를 알면 보내 줄 수 있어요.

평소 다이소를 한 번 방문할 때 지출하는 금액은 어느 정도인가요?

다이소에서 그런 이벤트를 하거든요. 네이버페이 포인트로 1만 원 이상 구매하면 1천 원 정도 즉시 캐시백으로 돌려 주는 거. 다이소랑 하나카드랑 묶여서도 똑같은 이벤트를 하고요. 그런 게 제한이 보통 한 달에 한 번이에요. 이런 이벤트 하는 채널이 두 개 정도 있으니까 한 달에 두 번 정도는 1만 원 이상 구매하고 그 외에는 다이소에서 잔뜩 사거나 그런 일이 없기 때문에 그냥 필요할 때마다 한 2~3천 원씩 구매해요.

그런 이벤트는 어떻게 알게 되었나요?

보통 이런 게 월 단위로 진행되다 보니까 월초에 이런 앱에 한 번씩 다 들어가서 조회해 봐요.

지금까지 다이소를 이용하면서 기억에 남는 경험이 있나요?

참치 기름 짜개라고 있거든요. 참치를 넣고 누르면 기름이 빠지는 물건이에요. 해 봤자 2~3천 원인데 배송을 시키면 배송비가 더 나올 거고 시간도 걸리니까 오프라인에서 사자 싶었어요. 검색을 해 보니까 다이소에서 그걸 판다는 거예요. 그걸 사러 다이소에 갔는데 그 블로그가 오래된 건지 물건이 없더라고요. 그래서 직원분한테 여쭤봤더니 있다고 찾아 준다고 하는데 좀 오래 걸렸어요. 알고 보니까 그 상품이 없어졌더라고요. 그래서 좀 시간 소요가 됐고 결국 물건도 못 샀고 그런 기억이 있네요. 일단 그날은 없이 요리했는데 아마 나중에라도 다이소에서 눈에 띄면 살 거예요. 아직 발견을 못 해서 못 사고 있는 거죠.

직접 방문하기 전에 먼저 검색을 해 보는 편인가요?

재고 확인 차원에서 네이버나 구글에 검색을 많이 해요. 이 물건이 다이소에 있을까 하고. '참치 기름 짜개 다이소 판매' 이런 식으로 검색해 보고 안 되면 키워드를 조금 바꿔서 한다든지 해 봅니다. 네이버는 보통 블로그에 사람들이 상품 리뷰하면서 올려놓는 게 많은데, 재고 확인 차원에서는 그게 제일 좋은 것 같더라고요. 그렇게 검색해서 산 것도 꽤 돼요. 이를테면 비교적 최근에 짤주머니를 샀는데 그걸 어디서 살까 검색하다가 다이소에 있다고 해서 샀거든요. 저는 그런 걸 팔 줄 몰랐는데 검색해 보고 알게 됐어요. 잘 쓰고 있습니다.

구매해 본 상품 중 가장 마음에 들었던 것이 있나요?

음…… 제가 제일 많이 쓰는 게 방수팩인데, 여기다가 폰을 넣어서 샤워하면서 봐요. 하루에 한두 번은 쓰니까 제일 많이 쓰고 있

고, 삼색 볼펜이나 연결선 같은 것도 가성비 좋다고 생각해요. 사실 이런 건 비쌀 필요가 없다고 생각하거든요. 다이소 물건 중에서는 전자제품 액세서리 쪽에 있는 것들이 괜찮은 게 많아요. 셀카봉도 괜찮은데, 그 전에 인터넷에서 한 1만 5천 원인가 2만 원인가에 사서 쓰다가 고장이 나서 다이소에서 5천 원에 샀거든요. 별 기대 없이 샀는데 생각보다 괜찮아서 잘 쓰고 있어요.

반대로 마음에 안 들었던 것 있을까요?

뭐가 있기는 있었을 텐데 사실 기억에 안 남아요. 이게 그렇게까지 비싼 물건들이 아니다 보니까. 언제부터인가 안 쓰게 되고 그냥 집에 어디 굴러다니게 됐을 거라 딱히 기억나는 게 별로 없네요.

다이소 상품의 품질은 어떤가요?

일반 매장에서 사는 거랑 비교하면 괜찮죠. 나쁘지 않은 것 같아요. 가격이 일반 매장에서 파는 물건의 3분의 1인데 내구성이나 품질까지 3분의 1은 아니에요. 3분의 2 정도는 되거든요. 그런 점에서 보면 가성비가 확실히 있는 것 같아요. 그리고 똑같이 다이소 상품이라도 좀 더 괜찮은 것들이 있어요. 이를테면 연결선도 나름 섬유질로 코팅이 되어 있는 건 2천 원이고 안 되어 있는 건 1천 원이거든요. 그래도 2천 원인 게 좀 오래 가고 꼬이지도 않고요. 건전지도 망간 건전지가 1천 원이고 좀 더 오래 가는 게 한 2천 원이거든요. 그런 걸 위주로 삽니다.

다이소에서 판매했으면 하는 상품군이 있나요?

> 빵이요. 제가 빵을 좋아해요. 편의점처럼 빵 종류가 좀 있으면 더 자주 갈 것 같아요.

다이소와 비슷한 브랜드가 있을까요?

> 다이소랑 비슷한 브랜드요? 한국에 뭐가 있을까? 사실 제 입장에서는 오피스디포가 좀 비슷한 것 같아요. 그래도 좀 품목이 한정적이죠, 다이소보다는. 그래도 다이소로 갈 것 같아요. 오피스디포에는 아이스크림이 없어서요. (웃음)

오직 다이소에서만 할 수 있는 경험이 있을까요?

> 저는 없다고 봐요. 다른 데서도 할 수 있는 경험을 적당히 가성비 있게 제공한다는 점에서 메리트가 있는 거지, 독창적인 경험은 없는 것 같아요. 지금 다이소의 정체성은 '가성비', '저가', '편리함' 이런 거니까요. 물론 유니크한 경험 제공하면 좋죠. 근데 사람들이 다이소에 그걸 기대하고 오지는 않거든요. 사실 굳이 뭐 그렇게 할 필요가 있나 싶어요. 지금 장점이 따로 있는데.

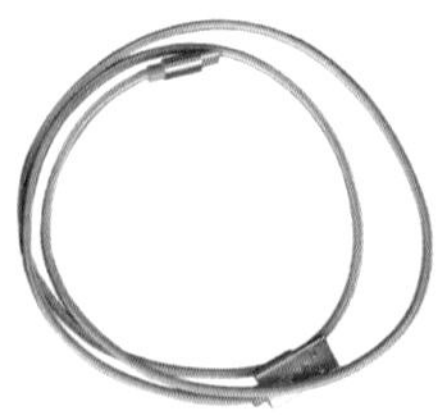

CHAPTER 2.

다이소를 관찰하다

UX Research
직장가의 다이소 사용자

설문 조사를 통해 직장인과 비직장인 그룹의 특징적인 행동과 성향 분석을 시도했다. 이후 금융, 무역 등의 직장이 밀집된 여의도 다이소 지점을 관찰하여 설문 조사 결과를 보완했고, 마지막으론 실제 직장인 사용자와의 인터뷰를 통해 생생한 정보를 추가했다. 이를 기반으로 도출한 직장가 인사이트와 직장가 다이소 사용자 페르소나, 시나리오, 여정 지도를 확인해 보자.

리서치 공예은, 김민정, 박현준

PROCESS

설문 조사 > 현장 관찰 > 인터뷰 > 페르소나 > 시나리오 > 사용자 여정 지도

설문 조사

통계 도구 jamovi를 활용하여 총 6가지 카테고리(기초 정보, 방문 패턴, 방문 경향, 구매 성향, 추천 정도, 앱 사용 경향)로 나누어 질문했고, 총 212명(직장인 117명, 비직장인 95명)이 설문에 참여했다.

① 직장인과 비직장인 모두 집 근처 다이소 선호

집 근처 다이소를 자주 간다면 1점을, 회사(혹은 주 활동지) 근처에 있는 다이소를 자주 간다면 5점을 주도록 설계된 질문에서 직장인 그룹은 평균 2.21점, 비직장인 그룹 평균 2.05점으로 두 그룹 모두 집 근처 다이소를 가는 경향이 더 높음을 알 수 있다.

② 방문 횟수와 구매, 추천 횟수와 만족도는 비례

두 그룹이 6가지 카테고리에서 유의미한 차이를 보이지 않았고 전반적으로 같은 성향을 보였다. 따라서 공통적인 다이소 사용 경향성을 분석했다. 그 결과 '매장 만족도'와 '다이소 상품 추천 정도', '매장 방문 빈도'와 '생각했던 것보다 더 구매하는 정도'가 정비례함을 발견했다. 두 그룹 모두 매장에 자주 방문할수록 물건을 더 사게 되고, 매장 만족도가 높을수록 본인이 자주 구매하는 다이소 상품을 지인이나 동료에게도 추천하고 싶어 한다.

③ 회사 근처 다이소에서는 필요한 것만 구매

회사 근처 다이소를 더 자주 방문하는 직장인 그룹을 별도로 추출해 살펴봤다. 그 결과 '월 다이소 지출 금액'과 '필요할 때만 가는 정도'가 반비례한다는 사실을 발견했다. 해당 그룹은 필요한 물건이 있을 때만 다이소를 방문하는 경향이 높고, 실제 지출 금액도 적게 나타난다.

현장 관찰

관찰지 다이소 여의도점(서울 영등포구 소재)

관찰 표본 직장인 20명(무작위 추출)

관찰 시간대 평일 점심 시간(12:00-13:00) / 평일 퇴근 시간(18:15-19:15)

* 설문 결과를 토대로 시간대 선정(점심 시간대 28, 퇴근 시간대 40, 근무 시간 중 5, 퇴근 이후 67으로 퇴근 이후 방문율이 가장 높았지만, 퇴근 이후에는 집 근처 다이소에 방문할 확률이 높아, 직장가의 다이소 고객을 관찰하기 위해서는 점심 시간대와 퇴근 시간대에 방문해야 한다고 판단했다.)

① 남성보다 높은 여성 비율

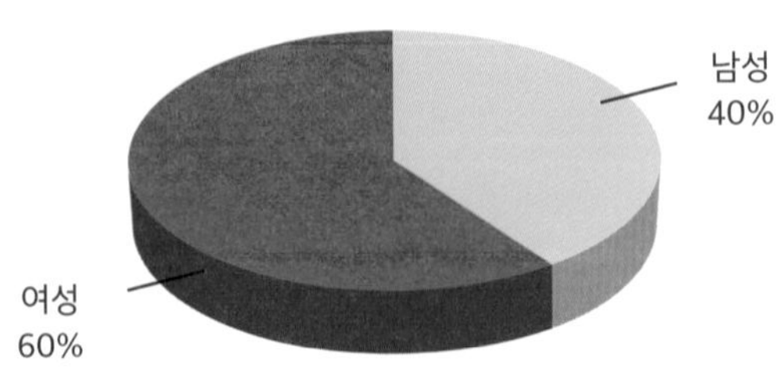

② 가장 많이 방문한 연령대는 30대

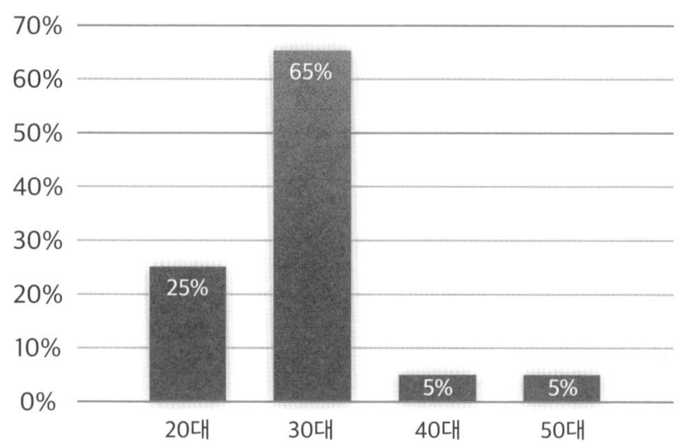

③ 대부분 계획 구매 성향

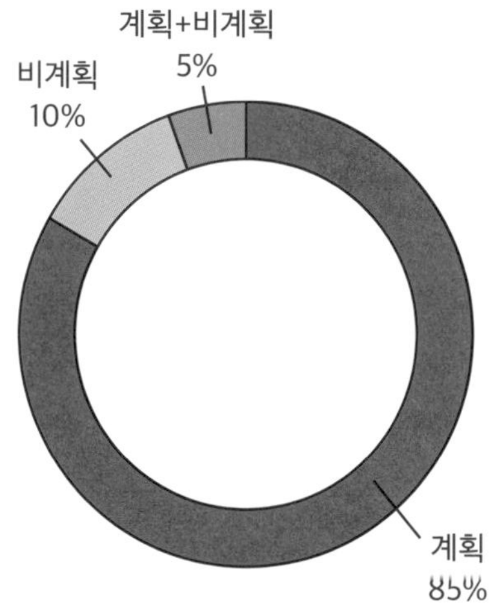

인터뷰

직장인 사용자의 특징에 집중하여 자세한 이야기를 듣기 위해 1차 설문 대상자 중 점심 시간에 회사 근처 다이소에 방문하는 직장인과 심층 인터뷰를 진행했다.

인터뷰이 프로필

이름	함*라
성별	여성
연령대	30대 초반
직업	3년 차 직장인
동거인	없음
다이소 앱 사용 여부	다이소 멤버십, 다이소몰 사용

키포인트 1

"아무래도 기대치가 낮긴 하지만 다이소에 가서 어떤 걸 사야 좋은지는 분명하게 알고 있습니다."

'다이소에는 저렴하고 자잘한 소모품을 사러 자주 간다', '다이소 특정 상품에 대한 만족도가 높다', '현실적으로 다이소 상품을 적극적으로 추천하진 않는다'라는 내용이 앞선 과정에서 반복적으로 관찰되었을 뿐만 아니라, 인터뷰 현장에서도 해당 뉘앙스가 관찰된 만큼 중요 인사이트로 추출했다. 기대치가 낮다는 경향은 유튜브 댓글을 확인했던 사전 조사 단계에서도 관찰된 바 있다.

키포인트 2

“점심시간엔 놀러 가는 김에 필요한 거 사고 퇴근 후엔 오랫동안 다 보러 가요. 살 물건에 따라서 방문하는 매장의 위치가 달라져요.”

‘회사 근처에서는 빠르게 목적 구매를, 집 근처에서는 천천히 둘러본다는 느낌으로 쇼핑한다’, ‘점심 시간대에는 구매의 목적으로만 다이소를 방문하지 않는다’, ‘상품의 부피에 따라 방문하는 매장 위치가 달라진다’는 인터뷰 내용을 반영해 요약했다.

페르소나

"점심시간에 잠깐 구경하러 갈 겸 필요한 물건을 사러 가요."

이름	현은정
나이	32세
직업	직장인
거주지	서울시 마포구
동거인	없음
방문 주기	월 2~3회
방문 시간대	점심 시간대

라이프 스타일

바쁜 일상에서도 소소한 행복을 찾는 걸 좋아해서 점심시간에는 되도록 나가서 햇볕을 쬐며 걸으려고 한다. 주로 동료들과 점심 식사 후에 회사 근처의 산책길을 걷는다. 필요한 게 생각나면 회사로 돌아오는 길에 다이소에 들러서 필요한 것만 사서 나오고, 퇴근 후에 다시 가서 더 여유롭게 구경한다. 물건의 부재에 대해서 큰 불편함을 느끼는 그녀는 집에서 사용하는 소모품이 떨어지기 전에 미리미리 사 둬야 마음이 편안해지는 성격이다. 평소 실용적인 것을 추구하기 때문에 시간과 행동의 효율을 중요시한다.

소비 성향

- 사용하던 생활용품을 거의 다 사용하면 구매하기 위해 매장을 방문하는 편이다.
- 꼼꼼하게 메모하는 성격은 아니어서 어떤 게 필요했는지 기억이 안 날 때가 많다. 매장을 둘러보다가 구매할 물건이 생각나면 추가 구매를 하는 편이다.
- 매장을 둘러볼 때 불필요한 물건은 담지 않고 최대한 필요했던 상품만 구매하려고 한다.

다이소 인식

- 고장이 잘 날 위험이 있는 전자기기나 상품의 질을 중요시해야 하는 상품은 다이소에서 구매하기 꺼려진다.
- 다이소에서는 주로 한 번 쓰고 버릴 수 있는 소모품을 구매한다.
- 생활용품 이외에도 특별한 날에만 사용하는 파티용품이나 시즌 상품은 종류도 많고 가격도 저렴해서 부담 없이 일회성으로 쓰기 좋다.

정보 습득

인스타그램에서 우연히 뜨는 릴스를 몇 번 본 적은 있지만 딱히 구매로 이어지진 않았다.

선호 상품 간식, 면봉, 물티슈, 파티 용품

비선호 상품 전자기기, 옷걸이, 디퓨저/향초

앱 사용 경험 다이소 멤버십, 다이소몰

시나리오

#1

은정 씨는 직장 동료들과 점심 식사 후 산책하기로 한다. 마침 살 것도 있고 근처에 다이소가 있어서 다이소를 들렀다 회사로 돌아가는 코스면 점심시간을 알뜰하게 보낼 수 있겠다고 생각한다.

#2

다이소에 들어와서는 동료들과 자연스레 각자 살 상품을 사러 흩어진다. 은정 씨는 들어오자마자 매대를 훑고, 사려고 했던 상품 쪽으로 직진한다.

#3

식품 매대에서 회사에서 먹을 간식을 짧게 고민하지만 늘 먹던 초콜릿을 고른 후, 반창고를 사러 자리를 이동한다. 고른 반창고와 초콜릿을 손에 들고 계산대로 향한다.

#4

계산대로 향하는 도중 구경하고 싶은 물건이 종종 눈에 띈다. 하지만 시간도 그리 많지 않고 평소에 이것저것 담아 와서 쓰지 않는 물건들이 생각나 계산대로 직행한다.

#5

은정 씨는 기다리지 않고 빨리 계산할 수 있는 무인 계산대를 선호한다. 상품 구매하면서 포인트 적립을 하지만 사용한 적은 없다.

#6

각자 살 것을 다 산 후 동료들과 계산대 쪽에서 만나 다시 회사로 향한다. 업무 도중 물티슈를 사지 않았던 것을 기억한다. 회사 근처로 다시 가는 건 동선이 낭비되고 늘 사용하는 상품이라 넉넉하게 2개 이상 구매할 계획이기에 집 근처 다이소에서 사야겠다고 생각한다.

#7

퇴근 후 집 근처 다이소를 방문해 미리 계획했던 물티슈가 있는 매대 쪽으로 향한다. 물티슈 2개를 손에 들고 근처의 다른 상품을 구경한다. 매장을 구경하면서 필요했던 면봉과 수세미를 추가로 손에 집어 든다.

#8

다시 한번 더 살 게 없는지 확인 후, 그제야 무인 계산대로 향해 상품을 구매한다.

사용자 여정 지도

매장 위치	회사 근처 다이소				
단계	점심시간				
	방문 전	쇼핑 중			쇼핑 종료
생각 과정	밥 먹고 시간도 남은 김에 다이소로 놀러 가야 겠다.	별로 시간이 많지 않으니까 필요한 것만 사고 바로 가야겠다.	일단 초콜릿을 하나 사고, 반창고도 하나 사 둬야지.	계산대 옆에 재밌는 물건들이 많네, 좋아 보이긴 하는데 지금 사진 말아야지.	무인 계산대에서 빨리 사고 나가야 겠다.
고객 행동	점심 식사 후 산책 중, 일부러 다이소가 있는 쪽으로 동선을 짬	본인이 구매할 상품이 포함되어 있는 매대로 직진함	**짧게 고민한 뒤, 평소 구매하던 품목을 바로 집어 듬. 한 손으로 들 수 있는 수량만 집음**	눈으로 둘러보다가 다시 계산대로 걸어감	본인이 직접 계산할 수 있을 정도의 양을 구매했을 때는 직접 무인 계산대에서 계산함
고객 접점		매대 번호	매대 진열 상태	계산대 근처 매대	무인 계산대
		매대 카테고리명	상품 사이즈		
감정 변화					
	o		o		
		o		o	o
코어 아이디어 (페인 포인트)	시간을 효율적으로 쓰고 싶음		불필요한 지출은 싫음		지체 없이 빠르게 계산하길 원함
니즈		살 상품이 있는 매대까지 빠르게 가고 싶음	간단하게 사서 나가고 싶음		지체 없이 빠르게 계산하길 원함
공간적 개선		경로 안내 가이드	매대 근처에 작은 장바구니 배치하기		QR코드 사이즈 키우기
		매장 지도			
		상품 검색대			
마케팅적 개선		이번 달 베스트셀러 콘텐츠 발행		이번 달 베스트셀러 콘텐츠 발행	
				상품 장기간 사용 후기에 관한 콘텐츠 발행	

오후 업무	집 근처 다이소		
	퇴근 이후 방문		
	방문 전	쇼핑 중	쇼핑 종료
아 맞다! 물티슈 안 샀다! 세 개 정도 사야 하는데, 이건 무거우니까 집 근처에서 사야지.	필요한 물건만 집고 나가야겠다.	면봉 한 박스 정도만 더 사야겠다.	생각보다 좀 더 사긴 했는데, 다 필요한 거니까.
잊고 안 샀던 물건이 기억나 퇴근 후에 구매하기로 계획함	미리 생각해 둔 제품 카테고리로 걸어감	계획에 없던 자잘한 물건 몇 개 더 집음. **한 손으로 들 수 있는 수량만 집음**	더 살 거 없는지 마지막으로 확인하고 무인 계산대로 향함
	매대 번호	매대 번호	계산대 근처 매대
	매대 카테고리명		장바구니
		o	
	o		o
o			
	불필요한 지출은 싫음		시간이 아까움
		언젠간 쓸 물건을 미리 사 두고 싶음	내가 산 물건을 직접 하나씩 확인하며 계산하고 싶음
자주 구매하는 상품 주기별 푸시 알림			

UX Research
주택가의 다이소 사용자

거주 인구 밀도가 높고 교육 시설이 밀집된 곳에 있는 다이소 가락시장역점 등을 조사하여 주택가 다이소 사용자들의 특징을 추출했다. 사전 조사 단계에서 해당 지점 반경 1km 내의 거주 인구와 유동 인구를 조사하여 주 사용자 연령대를 예상하고 해당 사용자의 정보 습득 채널, 다이소에 대한 인식, 기타 정보를 조사했다. 이후 현장 관찰을 통해 사전 조사 결과를 검증 및 보완했고, 이를 기반으로 제작한 페르소나에 맞는 사용자와 인터뷰를 진행하여 페르소나, 시나리오, 사용자 여정 지도를 완성했다.

리서처 김동우, 류혜린, 박채연, 임샛별

PROCESS

사전 조사 > **현장 관찰** > **인터뷰** > **페르소나** > **시나리오** > **사용자 여정 지도**

사전 조사

① 사용자 예측을 위한 조사 결과

· 유동 인구

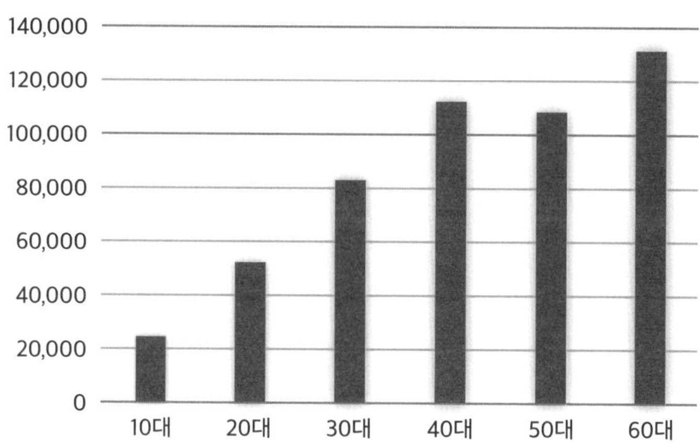

다이소 가락시장역점 반경 1km 유동 인구 연령대(23년 6월 기준)
(출처: 소상공인시장진흥공단, 상권정보시스템)

다이소 가락시장역점 반경 1km 기준 하루 평균 유동 인구 중 가장 많은 비율을 차지한 연령대는 60대 이상(26%)이었다.

- **거주 인구**

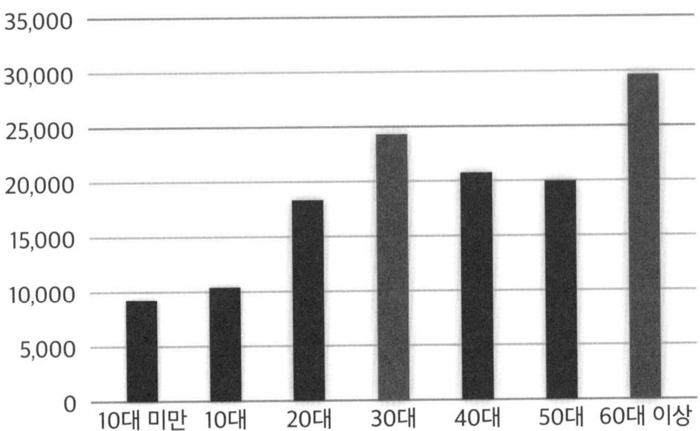

가락본동, 가락1동, 가락2동, 문정1동, 문정2동 연령대별 거주 인구 비율 (2022)

(출처: 행정안전부, 「주민등록인구현황」, KOSIS 국가통계포털)

가락시장역점 반경 1km 안에 들어오는 5개 동(가락본동, 가락1동, 가락2동, 문정1동, 문정2동)의 거주 인구를 분석한 결과 가장 많은 비율을 차지한 연령대는 30대와 60대 이상이었다.

② 주 사용자 정보 조사 결과

정보 습득 채널	(네이버TV, 검색창)

다이소 인식	• 유용함(직장생활 또는 살림에 도움) • 가성비 좋음 • 인싸템(유행을 따라갈 수 있는 아이템이 있음)
기타 정보	• 주중에는 PC를, 주말에는 모바일을 더 많이 사용 • 코로나19 이후에 캠핑, 자기 주도형 레저 산업(등산, 골프, 헬스 등)에 관심과 소비가 증가

40대

정보 습득 채널	(블로그, 카페)
다이소 인식	• 생필품 구매 경로 • 가성비 좋음 • 편리함
기타 정보	• 퇴근 후 또는 가사를 마친 저녁 시간대인 20~23시에 인터넷 이용 多 • 온라인 쇼핑 활동 多 • 주요 온라인 쇼핑 품목: 생필품, 패션·잡화, 신선/가공식품

정보 습득 채널	N (밴드, 블로그, 카페)
다이소 인식	• 가성비 좋음 • 손자 • 손녀 선물 구매 경로 • 취미용품, 생활용품 구매 경로
기타 정보	• 성별, 가족 구성원, 취미에 따라 방문율에 차이가 있을 것으로 예상 • 60대 이상 연령층이 꾸준히 다이소 키워드를 검색하고 있음

*유튜브, 인스타그램, 네이버에서 키워드 자체 조사

현장 관찰

관찰지 다이소 가락시장역점(서울 송파구 소재)

관찰 표본 210명(159팀)

관찰 시간대 평일 15:00-16:30 / 주말 16:00-17:30

① 실제 주 사용자 중 30~40대와 60대 이상의 비율이 높음

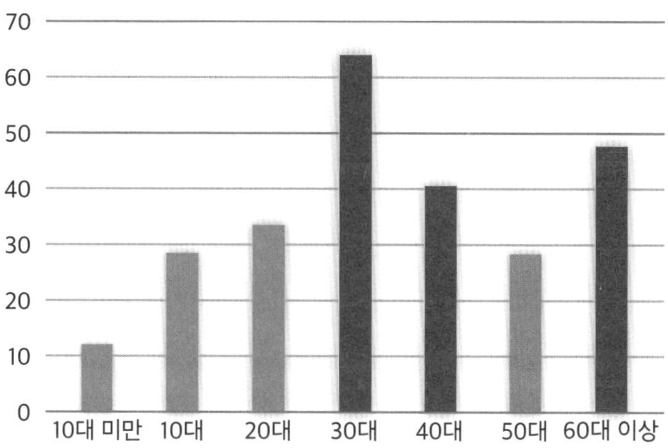

주택가 다이소 방문자 연령대

3040대

주요 구매 품목

생활용품	지퍼백, 샤워 타월, 수세미, 수저통, 위생/고무장갑, 세탁망, 치약 등
전자기기 액세서리	케이블, 그립톡, USB
자녀 관련 상품	지우개, 장난감, 도시락통, 머리띠, 스티커 등

방문 유형

부부/자녀 동반	부부끼리 또는 자녀와 함께 방문

행동 특성

실용적	실용적인 물건을 구매하는 경우 多
꼼꼼함	직접 착용해 보기, 다른 상품과 비교하기, 동행인의 의견 묻기, 스마트폰으로 정보 검색하기 등 꼼꼼하게 상품 탐색

60대 이상

주요 구매 품목

미용/면도용품	염색약, 면도기, 면봉
생활용품	접시, 지퍼백, 일회용품, 키친타월, 세탁망, 행주, 바구니, 세제 등

방문 유형

동행자O	부부끼리 또는 손주와 함께 방문
동행자X	목적성을 가지고 혼자 방문해 상품 구매 후 바로 퇴장하는 경우

행동 특성

키오스크 기피	키오스크가 아닌 대면결제 선호
직원과의 상호 작용	원하는 물건의 위치를 묻거나 상품 추천을 받는 등의 경우가 타 연령대 대비 많음
강한 목적성	구매하고자 하는 상품의 사진이나 리스트, 기존 사용 상품을 가져오는 경우 多

인터뷰

인터뷰이 1 프로필

이름	김*영
성별	여성
연령대	30대 중반
직업	자영업자
동거인	남편, 자녀 2명
다이소 앱 사용 여부	사용하지 않음

키포인트 1

"저렴하고 막 쓰고 버리기 좋은 물건만 사고, 오래 쓸 생활용품은 안 사요."

다이소에 대해 어떤 인식을 가지고 있냐는 질문에 "싸다. 저렴하고 막 쓰고 버리기 좋다."라고 대답하며 "장난감 저렴한 거를 사서 며칠 놀다가 버리는 게 크게 문제는 되지 않으니까."라고 덧붙였다. 다이소에서 "생활용품은 몇 번 사 봤는데 활용하기 좋은지는 모르겠다."라고 하면서 그 이유로 "기능이 떨어져서"를 꼽았다.

키포인트 2

"보통 소셜 앱으로 쇼핑하고 당장 오늘 필요하면 다이소에 가요."

쇼핑 패턴에 대한 질문에 "거의 인터넷으로 주문한다.", "보통 쿠팡, 위메프 등 소셜 앱을 이용한다."라고 대답하며 "무언가가 당장 오늘 필요할 때만 다이소에 간다."고 덧붙였다. 이를 통해 주 쇼핑 매체가 다이소가 아님을 확인했다.

인터뷰이 2 프로필

이름	김*희
성별	여성
연령대	60대 초반
직업	주부
동거인	남편
다이소 앱 사용 여부	다이소 멤버십 사용

키포인트 1

"금액대가 저렴하고 가까우니까 필요한 게 생기면 다이소에 가요."

다이소에 방문하는 주기를 물었을 때 "그날그날 필요한 걸 정리했다가, 나중에 가면 구입을 하는 거죠."라고 답했다. 다이소에 대한 인식으로는 "금액대가 저렴하고 워낙 상품이 많으니까 이용을 잘하죠. 그리고 다이소는 가까운 곳에 있으니까 금방 가서 30분 이내에 가져와 쓸 수 있잖아요. 그게 최고의 장점이에요. 배송비 없이."라고 답하며 다이소의 장점으로 저렴함과 가까움을 꼽았다.

키포인트 2

"상품을 못 찾을 땐 직접 물어보는 게 빨라요."

인터뷰 내용 중 "직원들이 바쁘기도 하지만 물어봐야 하는데 직원이 안 보이면 짜증 나지. 난 도저히 못 찾아요. 종로 가니까 물건 위치 찾는 게 있던데 우리는 찾기 싫어, 귀찮아. 직접 물어보는 게 빠르죠."라는 말을 통해 인터뷰이의 높은 직원 의존도를 확인했다.

키포인트 3

"전문적인 용품은 비싼 걸 사야죠."

구매 품목 중 가장 불만족한 상품을 물었을 때 "자전거 후미등을 다이소에서 잘 사지는 않는데, 한번 사 봤어요. 그런데 2천 원이라 너무 허접한 거 있잖아. 이런 건 진짜 사면 안 돼. 그래서 내가 버렸어."라고 대답하면서 "다이소에서 자전거 용품은 안 사는 것 같아. 그런 건 전문적인 걸로, 조금 비싼 걸 사죠. (전문숍은) 다이소랑 다르죠. 다이소 상품은 안장 기둥이랑 사이즈도 안 맞고."라고 덧붙였다. 싸고 가까워서 필요한 게 생길 때마다 다이소에 가지만 전문적인 용품만은 다른 곳에서 구매한다. 그 이유는 상품의 질이 충분히 만족스럽지 않기 때문이었다.

페르소나

이름	최민희
성별	여성
나이	41세
관심사	자녀 교육
근무지	서울시 마포구
직업	직장인
거주지	문정동
취미	요가
동거인	남편(43), 아들(8), 딸(5)
정보 습득 채널	네이버, 인스타그램, 주변 지인

주요 방문 매장	다이소 종합운동장역점
동행인	평일: 없음 | 주말: 가족
방문 주기	주 1회
방문 시간대	평일: 오후 7시 이후 | 주말: 이른 오후
결제 방식	무인 계산대
평균 결제 금액	1만 원
평균 구매 수량	3~4개
매장 장바구니	사용함
쇼핑 봉투 구매 여부	구매하지 않는 편
멤버십 적립 여부	휴대폰 번호로 적립
다이소 앱 사용 여부	사용하지 않음

방문 목적성 높음 **체류 시간** 10~20분

직원 의존도 낮음 **전체적인 만족도** 보통

<table>
<tr><td colspan="2">“아이들도 그렇고, 막 쓸 용도로는 저렴한 다이소가 딱이지!”
결혼 8년 차, 8세, 5세 두 자녀를 둔 민희 씨는 육아 휴직을 마치고 복직한 지 1년 남짓 되어서 직장과 육아를 병행하고 있다. 평일에는 주로 아침에 아이들을 학교와 유치원에 데려다주고 회사로 향한다. 퇴근 후에는 남편과 함께 집안 살림과 육아에 열중한다. 맞벌이라 부부가 모두 바쁜 만큼 혹시 모를 상황을 방지하고 효율성을 높이기 위해 미리미리 생활용품을 온라인이나 마트에서 구매해 두는 편이다. 그래도 급할 때는 퇴근 후에 다이소에 들러 필요한 물건을 구매한다. 주말이 되면 남편, 아이들과 함께 시간을 보내는데, 아이들이 기특한 행동을 할 때면 이에 대한 보상으로 다이소로 장난감을 자주 구매하러 가며 아이들이 직접 고를 수 있도록 배려한다. 바쁘지만 시간이 나면 동네 엄마들과 소통하는 것을 좋아하고, 근처 다이소에서 아이들의 준비물을 같이 사기도 한다.</td></tr>
<tr><td>소비 성향</td><td>• 사야 할 것을 구체적으로 정해 바로 구매할 수 있도록 한다.
• 좋아 보이는 물건이 있어도 직접 사용해 보지 않은 경우 충동구매하지 않는다.
• 주로 가성비가 좋은 소모품을 구매하고 특히 사용 빈도가 높은 생활용품을 자주 구매한다.
• 아이들의 학교/유치원 행사에서 한 번 쓰기 좋은 용품이나 일회성으로 필요한 준비물은 다이소에서 자주 구매한다. (다양한 종류, 귀여운 디자인)
• 내구성이 중요하다고 생각하는 품목은 같은 상품이 있어도 다이소에서 구매하기보다는 마트의 전단 행사를 노리는 편이다.</td></tr>
</table>

다이소 인식	• 아이들이 한 철 쓰거나 놀고 버리기 좋은 장난감이나 행사용품이 많다. • 가격과 퀄리티가 비례한다고 생각해 상품에 대해 큰 기대를 하지 않는다. • 집과 회사 근처에 있어 접근성이 좋다. • 매장이 크고 상품군이 다양하다.

자주 구매하는 상품군	• 자주 소모하는 생활용품 • 자녀의 학교/유치원 준비물 • 자녀의 장난감
구매를 꺼리는 상품군	• 내구성이 중요한 상품 • 유명 브랜드의 청소용품
페인 포인트	• 바빠서 쇼핑할 시간이 부족하다. • 급하게 사야 할 물건이 다이소 매장에 재고가 있는지 없는지 몰라서 곤란하다. • 다이소에 적립된 포인트 사용 방법은 모른 채, 습관적으로 포인트만 적립한다. • 다이소 상품은 내구성이 떨어져 기대할 수 없다.
니즈	• 쇼핑 시간을 줄이고 싶다. • 매장 방문 전, 지점별 상품 재고 보유 여부를 미리 확인하고 싶다. • 다이소 멤버십 사용 방법을 알고 싶다. • 품질이 좋다면, 다이소에서 단순 소모품이 아닌 상품들도 구매하고 싶다.

스토리보드

#1

평일 아침, 출근 준비를 마치고 전날 챙겨 둔 아이들 가방을 챙겨서 급하게 나온다. 차를 타고 집 근처에 있는 학교와 유치원에 아이들을 등원시키고 회사로 향한다.

#2

퇴근 시간에 둘째의 유치원 학부모 단톡방에 올라온 준비물을 확인한다. (물감, 팔레트, 굵은 붓, 캔버스 등) 대부분 미리 사 둔 것이지만 굵은 붓은 새로 사야 하고, 캔버스는 집에 남은 것이 있는지 기억이 나지 않는다.

#3

고민하다가 지난번 첫째의 학교 미술 대회 때 다이소에서 구입했던 캔버스가 가격 대비 괜찮았던 기억이 나서 회사 근처 다이소에 간다. 매장 장바구니를 들고 미술용품 코너로 가지만, 캔버스 재고가 없어서 아이들을 픽업한 뒤 집 근처 매장에서 구매하기로 결심한다.

#4

유치원에서 둘째를, 피아노 학원을 마친 첫째를 태우고 다이소로 향한다. 첫째는 오늘 피아노 학원에서 칭찬 도장을 받아 기분이 좋은지 차 안에서 재잘거리고 있고 둘째는 다이소 가는 게 마냥 좋아 신나 있다.

#5

다이소에 도착해 아이들이 직접 장난감을 고르게 한다. 아이들만 장난감 코너에 두고 미술용품 코너에 간다. 캔버스는 여유 있게 몇 개를 더 구매하고 싶었지만 재고가 없어 두 개만 사고 가장 굵은 붓을 하나 고른다.

#6

물건을 장바구니에 담고 다시 아이들에게 가니 둘째는 저번 달에 산 것과 비슷한 것을 고르길래 다른 걸 골라 보라고 한다. 첫째는 화석 발굴 놀이, 둘째는 주방 놀이 세트를 고른다.

#7

다이소에서 준비물과 장난감을 무인 계산대에서 계산하고 멤버십 적립(포인트 200원이 적립되어 있다)을 한다. 출근 가방에 구매한 캔버스를 담고, 아이들이 장난감은 직접 들고 가겠다고 한다.

#8

퇴근한 남편과 함께 집에서 저녁을 먹고 나니 아이들은 오늘 산 장난감으로 신나게 놀고 있다. 둘째의 등원 준비물을 챙기려고 붓과 캔버스 포장을 뜯어보는데, 붓 모가 조금 빠져 있어 신경이 쓰인다. 마침 평소 친하게 지내던 유치원 엄마들 단톡방에서 준비물 얘기가 나와 엄마들에게도 붓 얘기를 하며 불평한다.

사용자 여정지도 (3040대 페르소나)

입장 유형	방문 매장	동행인	탐색 상품	체류시간	결제 방식
분명한 목적	강남본점	없음	캔버스(미구매)	5분	-

단계 (경험의 그룹화)	첫 번째 매장 방문	상품 탐색 및 미구매 퇴장	
		목적 상품 A 탐색	미구매 퇴장
고객 행동	• 상품 고민 및 과거 상품에 대한 긍정적 경험의 회상 • 상품 구매 결심 • 입장 • 장바구니 꺼내기	• 미술용품 코너 찾아가기 • 캔버스(A) 탐색	• 장바구니 갖다놓기 • 퇴장
고객 접점	장바구니	매대번호, 미술용품 코너, 상품 가판대, 상품, 가격 스티커, 장바구니	장바구니
감정 변화	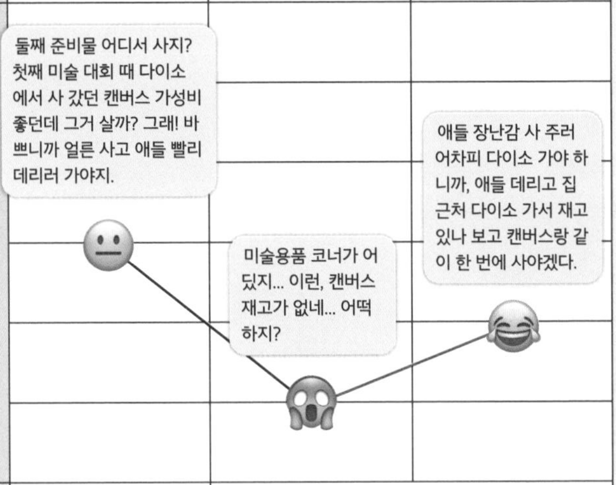 둘째 준비물 어디서 사지? 첫째 미술 대회 때 다이소에서 사 갔던 캔버스 가성비 좋던데 그거 살까? 그래! 바쁘니까 얼른 사고 애들 빨리 데리러 가야지.	미술용품 코너가 어딨지... 이런, 캔버스 재고가 없네... 어떡하지?	애들 장난감 사 주러 어차피 다이소 가야 하니까, 애들 데리고 집 근처 다이소 가서 재고 있나 보고 캔버스랑 같이 한 번에 사야겠다.
페인 포인트	• 바빠서 쇼핑할 시간이 부족하다.	• 급하게 사야 할 물건이 있을 때 방문한 매장에 재고가 있는지 없는지 몰라서 걱정된다.	
니즈	• 쇼핑 시간을 줄이고 싶다	• 매장 방문 전, 지점별 상품 재고 보유 여부를 미리 확인하고 싶다.	

입장 유형	방문 매장	동행인	탐색 상품	체류시간	결제 방식
분명한 목적	잠실종합운동장역점	아들(8), 딸(5)	캔버스, 붓, 장난감(구매)	20분	무인 카드 결제 및 포인트 적립

두번째 매장 방문			구매 후 퇴장	상품 사용 및 후기
입장	목적 상품 A,B 탐색	목적 상품 C 검토		
• 입장 • 장바구니 꺼내기	• 미술용품 코너 찾아가기 • 캔버스(A), 붓(B) 탐색 및 선택	• 장난감(C) 검토	• 상품 바코드 찍기 • 카드 결제 & 멤버십 적립 • 출근 가방에 구매 상품 넣기 • 장바구니 반납 • 퇴장	• 상품 상태 확인 • 상품에 대한 불만 • 상품 후기 공유
장바구니	매대번호, 미술용품 코너, 상품 가판대, 상품, 가격 스티커, 장바구니	장난감 코너, 상품 가판대, 상품, 가격 스티커, 장바구니	장바구니, 키오스크, 바코드 리더기, 상품, 멤버십 적립창	상품
여기에는 캔버스 재고가 있어야 할 텐데... 있겠지?	미술용품 코너는 여기쯤 있었던 것 같은데.. 캔버스랑 붓 찾았다! 여기는 재고가 있어서 다행이다.	둘째가 고른 건 집에 있는 장난감이랑 비슷한 건데.. 다른 거 사라고 해야겠다.	포인트가 200점이 있네? 이건 어떻게 쓰는 거지? 나중에 써야겠다! 아무튼 다 샀다! 다이소에서 다 살 수 있어서 다행이야.	붓 모가 빠져 있네... 그래 다이소에 뭘 기대하겠어. 다음에 붓은 절대 다이소에서 사지 말아야겠다! 유치원 엄마들한테도 말해 줘야지.
• 급하게 사야 할 물건이 있을 때 방문한 매장에 재고가 있는지 없는지 몰라서 걱정된다.			• 다이소 멤버십 사용 방법을 알고 싶다.	• 품질이 좋다면, 다이소에서 단순 소모품이 아닌 상품들도 구매하고 싶다.
• 매장 방문 전, 지점별 상품 재고 보유 여부를 미리 확인하고 싶다.			• 다이소에 적립된 포인트 사용 방법은 모른 채, 습관적으로 포인트만 적립한다.	• 다이소 상품은 내구성이 떨어져 기대할 수 없다.

페르소나

이름	황성근
성별	남성
직업	무직(은퇴)
나이	66세
거주지	서울 송파구
관심사	사교활동
취미	낚시
동거인	아내(63세)
정보 습득 채널	네이버 밴드, 뉴스, 주변 지인

주요 방문 매장	다이소 가락시장역점
동행인	평일- 없음 I 주말- 아내
방문 주기	3주에 1회
방문 시간대	평일/주말- 오전 ~ 낮 시간대
결제 방식	직원에게 현금 결제
평균 결제금액	8천 원
평균 구매 수량	2~3개
매장 장바구니	사용하지 않음
쇼핑 봉투 구매 여부	구매하지 않는 편
멤버십 적립 여부	적립하지 않음
다이소 앱 사용 여부	사용하지 않음

방문 목적성 높음 **체류 시간** 10~20분

직원 의존도 강함 **전체적인 만족도** 다소 높음

"다이소는 가성비가 좋고 필요한 만큼만 살 수 있어 좋지, 그래도 낚시용품 사는 건.. 좀 그래"

정년퇴임을 한 황성근 씨는 현재 부인과 함께 거주하며 노년을 보내고 있다. 슬하에는 결혼해 독립한 1남 1녀와 10살 손자 1명이 있다. 평일에는 인근 공원에서 동네 친구들과 이야기를 나누고 주말에는 동호회 친구들과 낚시를 하러 간다. 은퇴 후에는 아내와 함께 보내는 시간이 많아져 이곳저곳 함께 돌아다니며 즐겁게 지내고 있다. 비교적 여유로운 오전에는 아내와 함께 마트나 다이소에 식료품이나 생활용품을 사러 간다. 아내와 둘만 사는 만큼 묶음으로 파는 마트보다는 필요한 만큼 살 수 있는 다이소가 더 저렴한 것 같아 종종 다이소에 방문해 쓸 만한 것들을 구매한다. 얼마 전에는 부쩍 많아진 흰머리 때문에 고민하니 친구가 다이소 염색약도 괜찮다며 추천해 주길래 구매했다. 지인들에게서 들은 정보는 물건을 구매할 때 중요한 기준이 된다.

소비 성향	• 물건을 한 번에 많이 사기보다는 구매 희망 품목이 생길 때마다 매장에 방문해 구매하곤 한다. • 주로 가성비 좋은 소모품을 구매하는 편이다. • 절약하는 것이 습관이 되어 물건을 고를 때 가장 먼저 가격부터 보는 편이다. • 오랫동안 사용하는 상품이나 취미 용품을 살 때는 상품의 질이 중요하다고 생각해 가격이 있어도 브랜드가 있는 상품을 선호한다.

다이소 인식	• 저렴한 가격에 괜찮은 물건이 많은 곳이다. • 묶음 상품 없이 필요한 만큼만 알뜰하게 구매할 수 있어 합리적이다. • 직원 문의 시 친절한 응대로 쇼핑이 편리하다. • 집과 가까워서 접근성이 좋다.

자주 구매하는 상품군	• 청소용품 • 생활용품 • 염색약
구매를 꺼리는 상품군	• 전문적인 취미 용품 • 사용주기가 긴 상품
페인 포인트	• 물건의 위치가 어디 있는지 찾기 힘들다. • 직원을 많이 부르는 것 같아 살짝 눈치가 보인다. • 노안으로 인해 상품에 작은 글씨로 적혀 있는 상세 정보를 확인하기 어렵다. • 같은 용도로 쓰이는 상품 종류가 다양해 선택하기 힘들다. • 물건을 찾거나 계산할 때 직원이 보이지 않으면 기다려야 한다.
니즈	• 내가 원하는 상품의 위치가 어딘지 찾기 쉬웠으면 좋겠다. • 상품들의 특징이나 기능을 쉽게 비교하고 싶다. • 상품의 특징처럼 쇼핑 중 궁금한 정보를 빠르고 손쉽게 알고 싶다. • 추천 상품이나 인기 상품을 매대에서 확인할 수 있었으면 좋겠다. • 도움이 필요할 때 즉각 알맞은 도움을 받고 싶다.

스토리보드

#1

친구들과 모여 근황을 나누다가 요즘 고민인 흰머리에 관해 이야기한다. 친구가 요즘 염색약 괜찮다며 다이소 것이 은근히 쓸 만했다고 한다. 다이소에서 염색약과 마침 어제 다 떨어진 청소포를 사기로 한다.

#2

모임이 끝난 뒤 집으로 가는 길에 집 근처 다이소에 들른다. 염색약은 사 본 적이 없어 매장을 둘러보지만 어디 있는지 몰라 직원에게 위치를 물어본다. 직원이 안내해 준 곳으로 간다.

#3

염색약 코너에 도착하니 가격이 마트보다 저렴하다고 생각한다. 종류도 여러 가지라 뭘 사야 하나 고민한다. 다 비슷해 보여 겉면의 설명을 보려는데 글씨가 너무 작아 보이질 않는다. 어떤 상품을 사야할지 고민된다.

#4

근처에 있는 직원에게 들고 있는 염색약 두 개를 보여 주며 뭐가 다른 거냐고 묻는다. 직원은 각각 흑색과 흑갈색이라고 설명해 주며 흰머리 염색에는 흑갈색이 더 자연스럽다고 추천해 준다.

#5

직원이 골라 준 염색약을 들고 익숙하게 청소용품 코너쪽으로 향한다. 청소포 종류는 여러 가지지만 가장 저렴하고 양이 많은 것을 고른다.

#6

염색약과 청소포를 들고 계산대로 가는 길에 낚시용품 코너를 발견한다. 낚시 찌 종류도 다양하게 있어 둘러보지만 아무래도 이런 물건은 낚시용품점에서 사는 것이 낫겠다는 생각이 든다.

#7

직원이 있는 계산대로 가서 염색약과 청소포를 계산하기 위해 지갑에서 현금을 꺼낸다. 봉투는 구매하지 않고 그냥 손으로 들고 다이소 매장을 나온다.

#8

그날 저녁, 다이소에서 사 온 염색약을 써 보니 혼자 했는데도 꽤 염색이 잘되었다. 독하지도 않고 가격도 저렴한 편이라 흰머리가 더 자라면 또 염색약을 사야겠다는 생각을 한다.

사용자 여정 지도 (60대 이상 페르소나)

입장 유형	방문 매장	동행인
분명한 목적	가락시장역점	없음

단계 (경험의 그룹화)	방문	목적 상품 탐색		
		목적 상품 A 탐색	직원에게 도움 요청	목적 상품 A 검토
고객 행동	• 지인에게 다이소 염색약을 추천 받음 • 다이소에서 살 것 떠올림 • 상품 구매 결심 • 입장	• 염색약(A) 탐색	• 직원에게 상품 위치 안내 요청	• 염색약(A) 검토 및 선택
고객 접점	지인	매대번호, 상품 가판대, 상품	직원, 미용용품 코너	상품 가판대, 상품, 상품 뒷면 설명서, 가격 스티커
감정 변화	다이소에 염색약도 파는구나. 친구가 좋다고 하니 한번 사 봐야지. 가는 김에 청소포도 사 와야겠어.	염색약은 처음이라... 어디에 있는지 모르겠어.	직원에게 물어봤더니 친절하게 안내해 주네. 진작 물어볼 걸 그랬어.	역시 가격은 저렴하네. 그런데 종류가 너무 많아. 뭐가 다른지도 모르겠고... 설명은 노안 때문인지 보이지도 않네. 직원한테 또 물어봐야겠다.
페인 포인트		물건의 위치가 어디 있는지 찾기 힘들다.		• 직원을 자주 부르는 것 같아 살짝 눈치가 보인다. • 노안으로 인해 상품에 작은 글씨로 적혀 있는 상세 정보를 확인하기 어렵다. • 같은 용도를 가진 상품의 종류가 다양해 선택하기 힘들다.
니즈		내가 원하는 상품 코너의 위치가 어딘지 찾기 쉬웠으면 좋겠다.		• 유사 제품들의 특징이나 기능을 쉽게 비교하고 싶다. • 상품의 특징처럼 쇼핑 중 궁금한 정보를 빠르고 손쉽게 알고 싶다. • 추천 상품이나 인기 상품을 매대에서 확인할 수있으면 좋겠다.

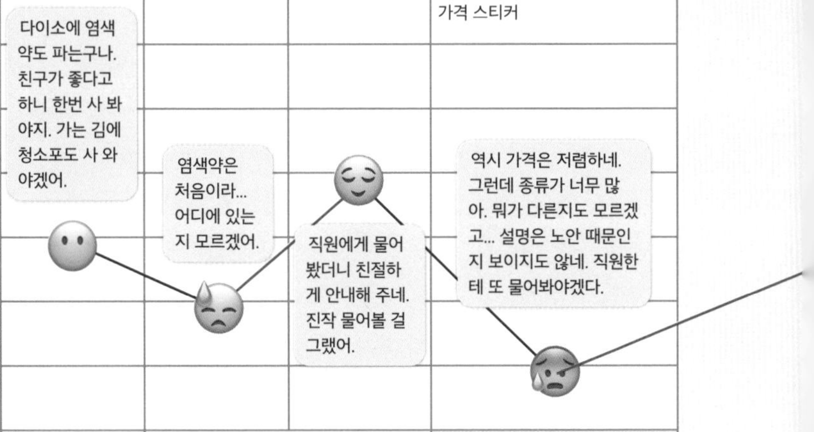

탐색 상품
염색약, 청소포, 낚시용품

체류시간
18분

결제 방식
직원에게 현금 결제 및
포인트 적립 미사용

목적 상품 탐색		비목적 상품 C 탐색	구매 후 퇴장	상품 사용
직원에게 도움 요청	목적 상품 B 탐색/검토			
• 직원에게 상품에 관해 문의	• 청소용품 코너 찾아가기 • 청소포(B) 탐색 및 선택	• 낚시용품 코너 우연히 지나침 • 낚시용품(C) 탐색	• 계산대 앞 대기 • 직원에게 결제 • 현금 결제 • 멤버십 미적립	• 상품 사용 후 자신의 상태 확인 • 상품에 대한 만족 • 재구매 다짐
직원, 상품	청소용품 코너, 상품 가판대, 상품, 가격 스티커	낚시용품 코너, 상품 가판대, 상품, 가격 스티커	계산대, 직원, 상품	상품
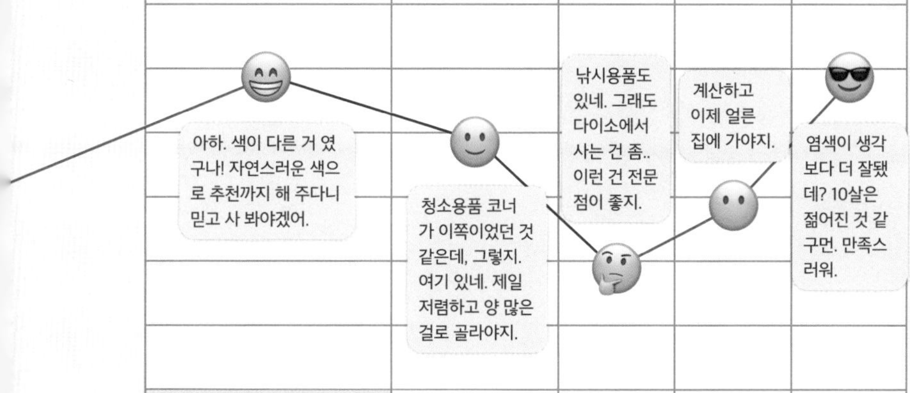 아하. 색이 다른 거 였구나! 자연스러운 색으로 추천까지 해 주다니 믿고 사 봐야겠어.	청소용품 코너가 이쪽이었던 것 같은데, 그렇지. 여기 있네. 제일 저렴하고 양 많은 걸로 골라야지.	낚시용품도 있네. 그래도 다이소에서 사는 건 좀.. 이런 건 전문점이 좋지.	계산하고 이제 얼른 집에 가야지.	염색이 생각보다 더 잘됐데? 10살은 젊어진 것 같구먼. 만족스러워.
• 직원을 자주 부르는 것 같아 살짝 눈치가 보인다. • 노안으로 인해 상품에 작은 글씨로 적혀 있는 상세 정보를 확인하기 어렵다. • 같은 용도를 가진 상품의 종류가 다양해 선택하기 힘들다.			물건을 찾거나 계산할 때 직원이 안 보이면 기다려야 한다.	
• 같은 상품군 내의 상품들을 특징이나 기능을 쉽게 비교하고 싶다. • 상품의 특징처럼 쇼핑 중 궁금한 정보를 빠르고 손쉽게 알고 싶다. • 추천 상품이나 인기 상품을 매대에서 확인할 수 있었으면 좋겠다.			도움이 필요할 때 즉각 알맞은 도움을 받고 싶다.	

UX Research
대학가의 다이소 사용자

인근 도보 20분 내외 거리에 3개 이상의 대학교가 있는 다이소 신촌명물거리점 등을 조사하여 대학가의 다이소 사용자 특징을 추출했다. 사전 조사 단계에서 해당 지점이 있는 지역의 유동 인구, 1인 가구 수, 기타 정보 등을 조사하여 주 사용자 연령대를 예상하고 해당 사용자의 정보 습득 채널, 다이소에 대한 인식, 기타 정보를 조사했다. 이후 현장 관찰을 통해 사전 조사 결과를 검증 및 보완했고, 이를 기반으로 제작한 페르소나에 맞는 사용자와 인터뷰를 진행하여 페르소나, 시나리오, 사용자 여정 지도를 완성했다.

리서처 손채연, 이정우, 최유정, 최지혜

PROCESS

사전 조사 > 현장 관찰 > 인터뷰 > 페르소나 > 시나리오 > 사용자 여정 지도

사전 조사

고객 예측을 위한 인구통계학적 조사 결과

· 유동 인구

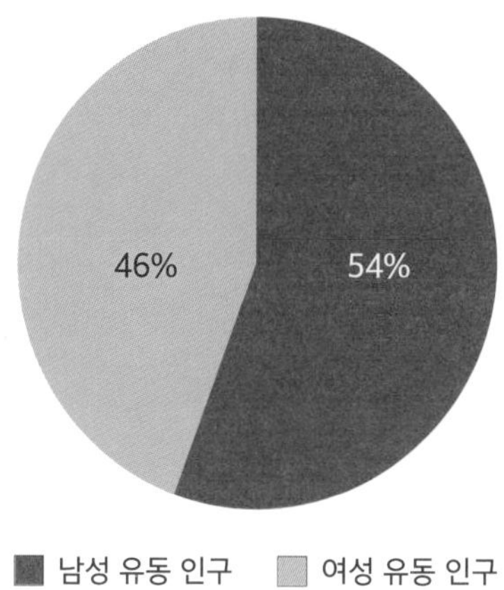

창천동 유동 인구 성별 (2018)
(출처: 데이터 안심구역)

전체 약 14만 명 중 남성 약 7.5만 명(약 54%), 여성 약 6.5만 명(약 46%)으로, 성비에서 큰 차이는 나타나지 않았다.

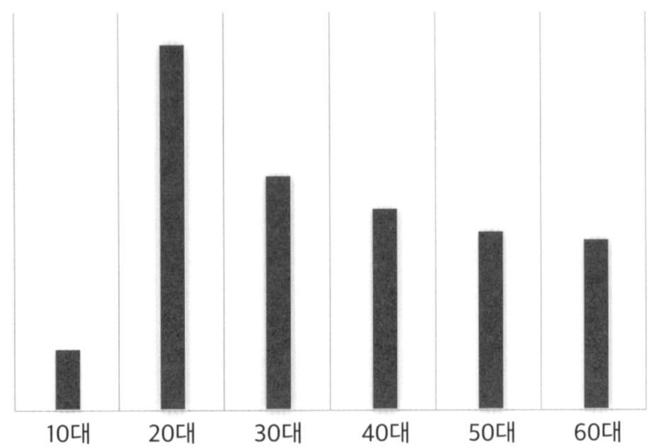

창천동 유동 인구 연령대(2018)

(출처: 데이터 안심구역)

20대 유동 인구가 약 30%로, 10대(약 5%), 30대(약 20%), 40대(약 16.5%), 50대(약 15%), 60대(14%)에 비해 압도적으로 높은 편이다.

• 1인 가구 수

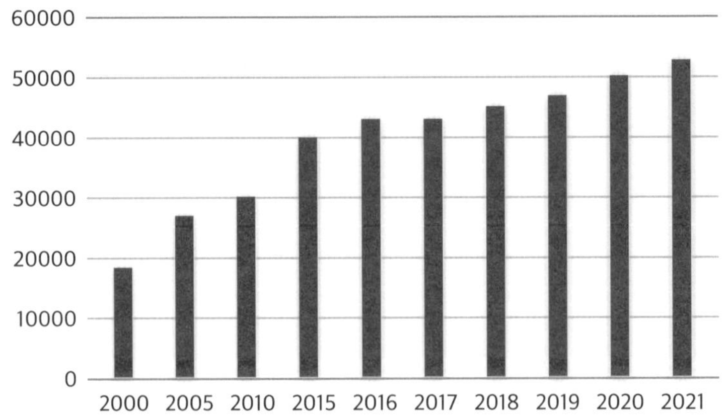

서대문구 연도별 1인 가구 수

(출처: 통계지리정보서비스)

2000부터 2021년까지 서대문구 1인 가구 비율이 점진적으로 증가하고 있다.

• **검색량 및 방문자 데이터 분석**

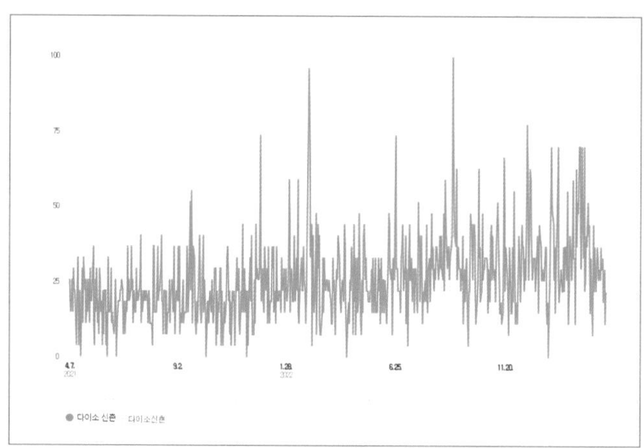

다이소 신촌 월별 검색량(2022.4~2023.4)
(출처: 네이버 데이터랩 검색어 트렌드)

대학교 개강 언저리인 3월, 9월, 그리고 연초와 연말인 1월과 12월에 검색량이 많은 것으로 보아 주변 자취생과 학생들이 많이 방문한다고 유추해 볼 수 있다.

예측한 사용자 정보 조사 결과

정보 습득 채널	N (블로그, 카페, 네이버지도) ▶ ◎ Google (다이소 공식 채널, 티스토리 등을 탐색) 📍 Daum (블로그, 카페)
다이소 인식	**긍정적 인식** • 자취 '꿀템', 생활 아이템 등을 저렴한 가격에 쉽게 구매 가능함 • 공간이 넓고 엘리베이터 있으면 좋음, 직원이 친절함 **부정적 인식** • 품질이 충분히 만족스럽지 않음, 높은 퀄리티를 기대하기 어려움 • 상품 분류가 복잡함, 상품이 다양하지 않음 • (상황에 따라) 직원이 불친절함

기타정보	**소비 성향** 합리적인 가격에 구매하고 싶어함. 가성비 추구(수입이 많지 않은 학생 혹은 사회초년생) **취미** 다어어리 꾸미기, 뷰티, 인테리어, 캠핑, 피크닉 **구매상품** 생활 : 수납용품, 욕실용품, 주방용품 등 위생이나 정리에 관련된 것 취미 : 다이어리 꾸미기, 뷰티, 인테리어, 캠핑, 세차, 파티용품 등 **다이소 방문 시기** 주로 대학 개강 및 입학 준비 시즌인 1,2월 / 9월 **방문 시간 또는 요일** • 주말 혹은 평일 오후에 방문 多 • 공강 시간대 혹은 휴일을 활용해 방문

*오픈 서베이, 소셜 미디어 • 검색 포털 트렌드 2022 자료 분석 및 추출, 주요 정보 습득 채널 탐색

현장 관찰

관찰지 다이소 신촌명물거리점(서울 마포구 소재)

관찰 표본 21명

관찰 시간대 평일 15:00 / 주말 16:00

실제 주 사용자 비율 1위는 20대

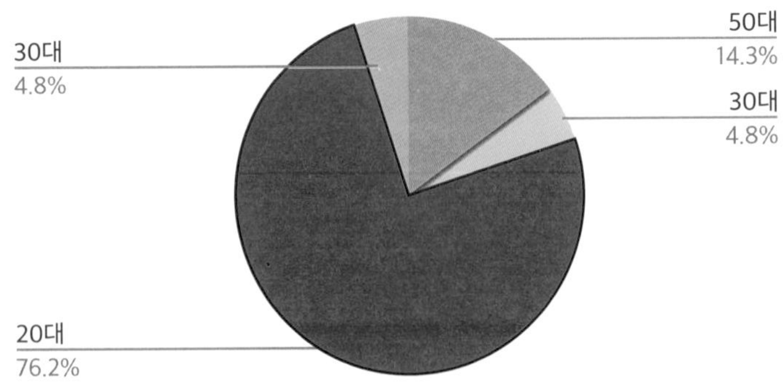

신촌명물거리점 방문자 연령대

20대

주요 구매 품목	사무용품	마우스패드, 케이블 등
	문구류	노트
	생활용품	벌레퇴치제, 탈취제, 우산, 청소용 제품
	미용용품	염색약, 눈썹칼
방문 유형	동행인X	남성은 모두 혼자 방문
	동행인O	여성은 혼자 방문하는 경우와 엄마 또는 친구와 방문하는 경우의 비율이 같음
	목적이 있는 방문	필요한 상품이나 카테고리가 분명한 경우 多
행동 특성	다이소 카트/바구니 사용 X	맨손으로 물건을 들고 있는 경우 多
	신중한 선택	상품 비교 및 선택에 시간을 많이 보내며 관련 상품이나 카테고리를 비교하며 물건을 선택함
	키오스크 이용	99%가 무인 계산대 사용
	평균 체류 시간 10분	남성은 5~11분, 여성은 3분~25분

인터뷰

인터뷰이 1 프로필

이름	비공개
성별	남성
연령대	20대 중반
직업	대학생
동거인	없음
다이소 앱 사용 여부	다이소 멤버십 사용

키포인트 1

"필요한 게 있으면 적어 놓고 다이소에 가는 편이에요."

- 실제로 보고 사는 게 만족도가 높아서 오프라인으로 산다.
- 필요한 상품을 다이소에서 판매하고 있는지 따로 찾아보지 않는다.
- 미리 재고나 수량을 파악할 수 있는 방법을 모른다.
- 물건을 결정할 때, 잘 알려진 브랜드의 이름을 믿고 구매한다.
- 필요한 물건이 있으면 '다이소에 있겠지' 하고 다이소에 간다.
- 다이소를 방문할 때는 필요한 물건을 구매하기로 미리 계획하고 메모장에 써 놓고 간다.

키포인트 2

"가성비가 좋고 물건이 다양해서 좋은데, 적립금이 너무 미미해요."

- 다이소에서는 저렴한 가격, 다양한 물건, 그리고 쉬운 접근성을 기대함.
- 물건이 다양하고 많아 큰 매장을 선호한다.

• 성능에 대해서는 큰 기대는 없다.

• 다이소의 적립금이 미미한 것이 불만이다.

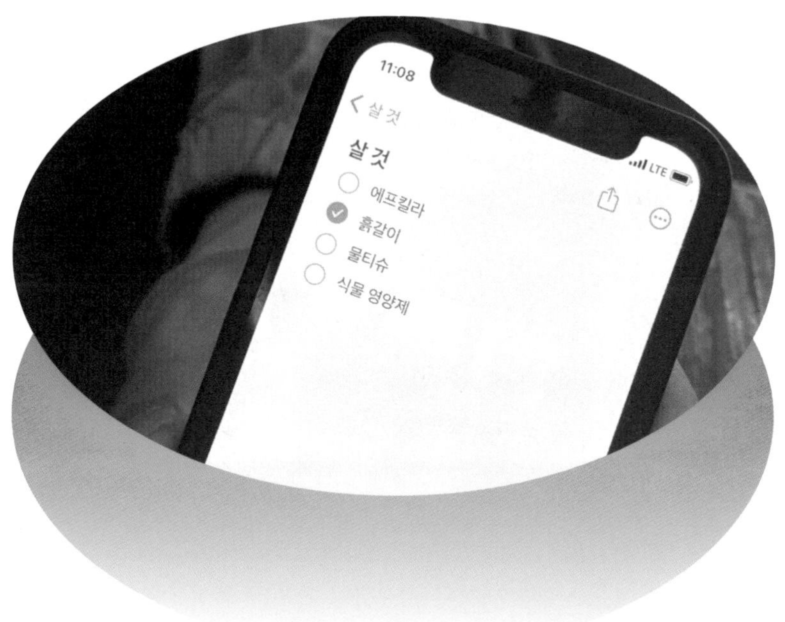

인터뷰이 2 프로필

이름	비공개
성별	여성
연령대	20대 초반
직업	대학생
동거인	부모님, 여동생
다이소 앱 사용 여부	다이소 멤버십, 다이소몰 사용

키포인트 1

"저렴해서 기대 없이 사서 쓰는데, 문구랑 간식류는 확실히 좋아요."

- 리뷰를 찾아보지 않고 상품을 구매하는 편이다.
- 가격과 실용성을 기준으로 구매 여부를 선택한다.
- 다이소 물건은 저렴해서 품질에 대한 큰 기대가 없다.
- 문구 및 간식류는 다른 곳보다 저렴하고 품질이 보장되어 있어서 자주 구매한다.
- 무인 계산대를 선호하며 계산하면서도 구매 여부를 고민한다.

키포인트 2

"물건을 찾기가 어려워요."

- 물건의 분류가 복잡해 시간 낭비가 있고 원하는 물건을 찾기 어렵다.
- 높은 곳에 있는 물건 등 일부 매대의 접근성이 낮다.
- 매장의 면적이 넓으면 탐색 시간이 길어져 귀찮다.

키포인트 3

“다이소 관련 앱은 개선이 많이 필요해 보여서 잘 안 쓰게 돼요.”

- 멤버십 앱은 첫 적립 시 필요해서 설치했지만 이후 사용하지 않는다.
- 적립률이 낮고 적립금이 빠르게 소멸하는 멤버십에 불만이 있다.
- 다이소몰 웹을 다이소에 원하는 물건이 있는지 찾아보는 용도로만 활용한다.
- 샵다이소 앱은 매장 픽업 기능 및 구매 가능 매장을 확인하는 데 유용하고 UI도 깔끔하다. 하지만 반응이 느려서 앱이 작동 중인지 확인할 수 없고 매장 검색 기능의 개선이 필요해 보인다. 장바구니에 넣지 않아도 구매/픽업 가능 매장을 확인하고 싶다.

페르소나

이름	김민재
성별	남자
나이	26세
관심사	옷
직업	대학생
거주지	한성대입구역 인근
취미	오토바이 라이딩
동거인	없음
정보 습득 채널	없음, 가끔 유튜브

방문 주기	2~3주에 1회
방문 시간대	평일: 3~4시 이후 | 주말: 낮~오후 시간대
평균 결제 금액	1만 원
평균 구매 수량	2~3개
매장 장바구니 사용 여부	상품 부피가 클 때 사용
쇼핑 봉투 구매 여부	구매한 상품이 많을 때 구입
방문 목적성	높음
평균 체류 시간	10분 이내

자주 구매하는 상품군 세제, 치약 등의 생필품, 청소용품, 수납용품

구매를 꺼리는 상품군 반창고 등의 의료용품, 취미용품

"생필품을 저렴하게 사고, 내가 좋아하는 것에 더 투자하고 싶어!"

김민재 씨는 대학에 입학한 후 줄곧 자취를 해 온 학생이다. 평소에 패션과 오토바이에 관심이 있어서, 여가 시간에 패션 편집숍을 둘러보거나 취미로 오토바이 라이딩을 즐긴다. 이러한 자신의 취미 생활을 위해 생활비를 최대한 합리적으로 사용하고 자신의 관심사인 패션과 오토바이 관련된 상품에 좀 더 투자하고자 한다. 민재 씨는 평소 자취방에서도 깔끔하고 정돈된 생활을 유지하고자 늘 노력하는 성격이다. 그러나 자취하는 동안 계속해서 옷을 사다 보니 수납할 공간이 부족해져서 어려움을 겪고 있다. 그래서 이를 정리할 수납함을 구매하고자 한다. 최근에 수납함과 함께 다 떨어져 가는 세제와 치약을 구매하러 다이소에 방문했다.

소비 성향	• 좋아하는 분야에는 시간을 많이 들여 꼼꼼히 알아보며 비교하고, 돈을 아낌없이 투자하여 구매한다. • 그 외의 분야에는 합리적인 소비를 통해 지출을 최대한 줄이고자 한다. • 관심 분야 외의 것들을 구매할 때는 꼼꼼히 상품을 비교하며 구매하기보다는, 브랜드의 인지도를 믿고 선택하는 편이다. • 구매해야 할 리스트들이 떠오르면 그때그때 메모해서 한 번에 구매하려 한다.
다이소 인식	• 가깝고, 다양하고, 저렴하다. • 성능에 대해 큰 기대는 없다. • 생필품을 사기에는 적합하지만 굿즈 등을 구매하기는 꺼려진다.

페인 포인트	• 다이소 포인트 적립을 꾸준히 하고는 있지만, 적립금이 미미해 매력적으로 다가오지 않는다. • 유튜브에서 보고 다이소를 찾았는데 가끔 물건이 없어서 그냥 돌아온다. • 다이소 물건이 워낙 다양하다 보니 직원들이 매장 내 재고 파악을 정확히 하지 못하는 경우가 있어 잘못된 안내를 받기도 한다. • 작은 매장의 경우 공식적인 마감 시간보다 일찍 문을 닫아 불편함을 느낄 때도 있다. • 매장 통로가 좁고 사람이 많아 지나다니기 불편하다.
니즈	• 학생 수입에 맞게, 저렴한 가격에 퀄리티가 좋은 생필품들을 사고 싶다. • 자취방과 가까운 장소에서 다양한 물건들을 구매하고 싶다. • 거주 공간의 인테리어를 해치지 않고 잘 어우러지는 물건들을 구매하고 싶다. • 다이소에 한 번 방문 할 때, 필요한 물건을 한 번에 구매하고 싶다.

시나리오

S#1

김민재 씨의 집(금요일 저녁 8시)

아르바이트를 끝마치고 귀가한 김민재 씨는 집에 들어오자마자 얼마 전 주문한 옷 택배를 열어 본다. 현재 살고 있는 자취방의 옷장에는 민재 씨의 옷을 다 수납할 수 없다. 새로 주문한 옷을 어떻게 보관할지 고민하던 민재 씨는 인터넷에서 다이소 수납함을 찾아본다. 상품을 대략적으로 확인한 후 리스트를 작성한 민재씨는, 다음 날 친구와 점심을 먹고 귀가하는 길에 집 근처 다이소에 방문해 수납함과 함께 다 떨어져 가는 치약과 세제를 구입하기로 한다.

S#2

집 근처 다이소 매장 앞(토요일 오후 4시)

민재 씨는 친구와 점심을 먹고 집에 들어가며 역에서 3분 정도 걸어, 다이소 매장 앞에 도착한다. 다이소는 평소 민재 씨가 자주 이용하는 지하철역과 버스정류장과 가깝다. 역 근처인데다, 주말 오후 시간이라서 그런지 다이소 앞에서 일행을 기다리는 사람과 매장에 드나드는 사람이 많아 출입구가 복잡하다.

S#3

다이소 매장 입구

다이소에 들어가면 스윙 게이트가 있어 사람들이 많아도 들어가는 사람과 계산하고 나오는 사람의 동선이 섞이지 않는다. 오늘 구입할 물건이 많을 것이라 예상한 민재 씨는 큰 장바구니를 들고 매장에 들어선다. 총 5개

층인 다이소 매장은 지하층을 제외하곤 엘리베이터로 이동할 수 있어 크거나 무거운 물건을 구입할 때 편리하다. 매장이 익숙한 민재 씨는 곧바로 매장 끝으로 걸어가 엘리베이터를 타고 4층 수납 용품 코너로 이동한다. 주말이기 때문인지, 엘리베이터에는 사람이 너무 많았고, 다른 사람들과 계속 부딪혀서 너무 좁다는 생각을 한다.

S#4

4층 수납 용품 코너

민재 씨는 엘리베이터에서 내린 후 상품 정리를 하고 있던 직원에게 인터넷에서 캡처해 두었던 수납함의 사진을 보여 주며 위치를 묻는다. 하지만, 직원이 알려 준 위치에 가 보니 막상 원하는 수납함의 재고가 없어 민재 씨는 당황한다. 찾던 물건 대신 여기저기 쌓여 있는 다른 수납함들의 크기와 디자인을 간단하게 눈으로 비교해서 집의 전반적인 분위기에 잘 어울릴 것 같은 상품 몇 개를 장바구니에 담는다.

S#5

욕실, 세탁용품 코너

4층에서 수납함을 쇼핑한 뒤 엘리베이터를 타고 3층으로 내려온 민재 씨는 욕실, 세탁용품 판매대에서 세제를 고민하다 익숙한 브랜드의 세제를 구입하기로 결심한다. 치약은 고민하지 않고 평소 사용하던 상품을 고른 후 결제하기 위해 다시 1층으로 이동한다.

S#6

1층 무인 계산대

민재 씨는 무겁고 부피가 큰 물건을 담은 장바구니가 상품 매대나 다른 사람들과 부딪치지 않도록 조심하면서 이동한다. 한성대입구역점은 무인 계산대가 많아서 기다리지 않고 바로 계산대로 이동한다. 물건을 올려놓고 바코드 스캐너를 집어 든 민재 씨는 무의식적으로 다이소 QR 코드가 아닌 일반 막대 바코드를 스캔해 버렸다. 곧 결제창에 오류 알림이 뜬다. 알림창을 닫은 후 다시 QR코드를 스캔 후 결제를 진행한다. 적립 안내 페이지가 나오자, 민재 씨는 다이소 앱으로 적립할까 잠시 고민했지만, 주머니에 있는 휴대전화를 꺼내기 귀찮아서 휴대전화 번호로 적립을 진행한다. 상품을 구입할 때마다 매번 적립하는데 적립 횟수에 비해 포인트가 지나치게 적은 것 같아 의아해한다.

S#7

다이소 출입구(토요일 오후 4시 15분)

결제를 하고 매장을 나오며 휴대전화 메모장에 적어 놓았던 리스트를 열어 필요한 물건을 다 구입했는지 다시 한번 확인한다. 결제 알림을 보며 민재 씨는 합리적인 가격으로 여러 개의 수납함과 생필품을 구입했다는 생각에 뿌듯한 마음으로 귀가한다.

S#8

김민재 씨의 집 (토요일 오후 4시 30분)

민재 씨는 집에 귀가하자마자 다이소 수납함을 조립하기 시작한다. 수납함 5개를 조립하다 보니, 마감이나 이음새가 아쉬운 부분이 보인다. 다이소에 방문해 상품 교환이나 환불을 진행할까 고민하던 민재 씨는 저렴한 가격에 샀으니 이 정도는 감수할 수 있다고 생각하며 조립을 완료한다.

사용자 여정 지도(대학가 페르소나 1)

단계	동기	계획	방문	탐색	비교	결제	적립	이동	사용
고객행동	수납할 공간이 부족해짐	검색을 통해 상품 리스트 작성	귀가하던 길에 집 근처 다이소 들름	리스트 속 상품 코너 위치 탐색	간단한 비교를 통해 상품 선택	고른 상품 결제	핸드폰 번호 입력 후 포인트 적립	구매한 상품과 함께 귀가	수납함에 물건을 정리함
고객 감정	웃을 더 수납할 곳이 없네.. 다이소에서 수납장을 사야겠군!	필요했던 치약이랑 세제도 같이 사 와야겠다. 대충 인터넷 검색해 보니 내가 필요한 크기의 수납함도 파는 것 같네!	역 근처라 그런가 사람이 많네..	엥..? 점원분께서 분명 여기 있다고 하셨는데 재고가 없네..	뭐가 좋은거지..? 그냥 익숙한 브랜드 중 디자인만 보고 사야겠다.	혼자 결제하는건 편한데.. 바코드 종류 때문에 헷갈려.	포인트.. 적립하긴 했는데 금액이 너무 미미하네..	오늘도 합리적인 가격으로 생필품을 해결했다!	마감 상태가 좋진 않네.. 저렴하게 샀으니까 그냥 쓰자.
터치포인트			매장 / 장바구니	매장 점원	상품	무인 계산대			상품
기회 영역	다양한 상품군 구비	웹서비스 제공	접근성이 좋은 매장 위치	정확하고 빠른 재고 정보 안내	동일한 상품군 비교 정보	간편한 바코드 결제 처리	적립금	합리적인 가격 유지	안정적인 상품 퀄리티

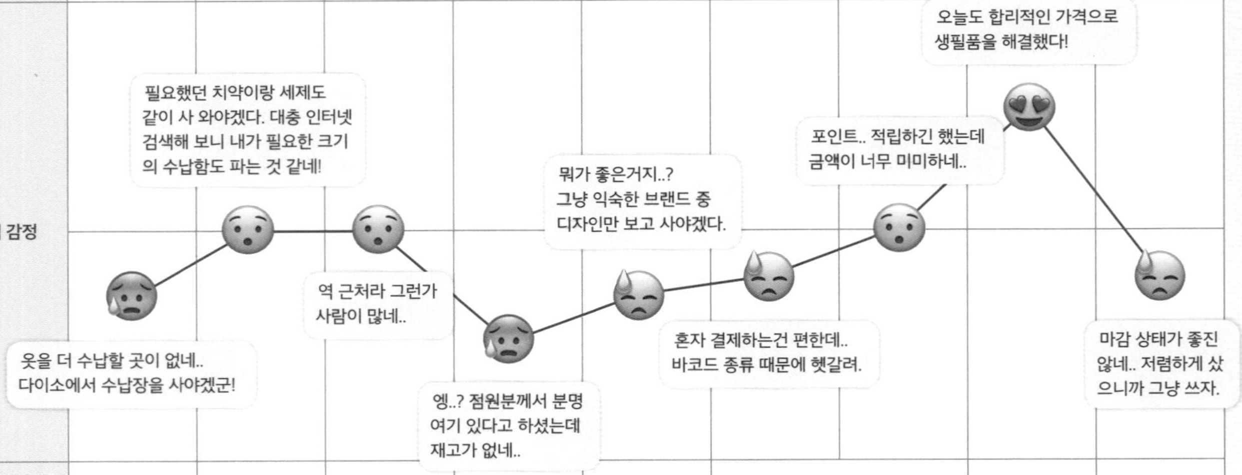

페르소나

이름	이진아
성별	여자
나이	22세
직업	대학생
거주지	서울 은평구
관심사	문구, 소품류
취미	SNS 취미 계정 운영, 아이돌 덕질
동거인	부(58) 모(52) 여동생(18)
정보 습득 채널	인스타그램, 유튜브

방문 주기	주 1회
방문 시간대	평일: 4~5시 이후 주말: 낮~오후 시간대
평균 결제 금액	1만 5천 원
평균 구매 수량	6~7개
매장 장바구니 사용 여부	사용함
쇼핑 봉투 구매 여부	구매하지 않음(소지한 가방에 담음)
방문 목적성	보통
평균 체류 시간	30분 이상

자주 구매하는 상품군 USB 케이블 등의 디지털 관련 상품, 문구, 사무용품, 간식류

구매를 꺼리는 상품군 디자인 취향에 맞지 않는 상품, 물티슈나 휴지 등의 생필품

<table>
<tr><td colspan="2">

"분명 필요한 것만 사려고 들어갔는데 자꾸 다른 것도 사게 돼요."

이진아 씨는 신촌에 소재하는 대학교 2학년에 재학 중인 학생이다. 약속을 잡을 때마다 꼭 그 동네의 소품숍을 찾아보고 방문할 만큼 이진아 씨는 평소 문구류와 작은 소품류를 좋아한다. 최근에는 그동안 모은 소품과 굿즈 사진을 올리는 인스타그램 부계정을 새로 생성해 더욱더 활발하게 취미활동을 공유하고 있다. 정보의 공유가 빠른 인스타그램과 트위터, 유튜브를 통해 새로운 상품의 출시나 판매처의 정보를 많이 찾아보는 편이다. 주로 전자기기 액세서리 같은 잡화나 펜, 메모지 같은 사무 문구류를 잔뜩 쌓아 두고 사용한다. 최근 USB 젠더를 사러 다이소에 방문해 새로운 포스트잇과 네임펜, 간식을 구매하고 다 써 가는 이름표 스티커를 출력했다.

</td></tr>
<tr><td>소비 성향</td><td>

- 디자인이 예쁘고 희소성 있는 물건은 충동적으로 사지만, 생활용품이나 소모품은 최대한 저렴한 가격으로 구매하고자 한다.
- 항상 마음속에 몇 가지를 사야겠다고 마음먹고 있다가 지나가는 길에 다이소가 보이면 들르게 된다.
- 최근 다이소에 디자인 문구가 많이 출시되고 있어 방문할 때마다 문구류 1~2개를 사게 된다.

</td></tr>
</table>

다이소 인식	• 다이소의 상품 디자인에 호불호가 심하다, • 어디에나 매장이 있고, 어느 매장을 방문하더라도 동일한 가격과 품질의 상품을 구입할 수 있다. • 내가 필요한 거의 모든 물건을 다 찾을 수 있다.
페인 포인트	• 온라인(앱)에서 재고를 확인한 물건이 매장에 없어서 구매를 못 하거나 다른 매장에 방문한 적이 있다. • 구매한 상품이 금방 고장 나서 같은 상품을 여러 개 구매하게 된다. • 높은 곳에 있는 상품을 보거나 꺼내기가 어렵다. • 매장이 복층인 경우 상품을 찾기 위해 자주 왔다 갔다 하는 것이 귀찮고 힘들다. • 결제할 때마다 다이소 멤버십 포인트를 적립하지만, 소멸이 빨라 적립금을 사용해 본 적이 없다.
니즈	• 다이소에서도 더 다양한 디자인의 문구류를 구매하고 싶다. • 언제든지 필요한 장소에서 물건을 구매하고 싶다. • 구매하고자 하는 물건의 위치를 더 빠르고 쉽게 찾고 싶다.

시나리오

S#1

이진아 씨의 집 (화요일 저녁 8시)

이진아 씨는 평소 자신이 좋아하는 아이돌의 굿즈 및 작은 소품을 사는 것을 좋아한다. 모으던 소품들을 혼자만 보기 아까워 남들과 공유하고 싶어진 이진아 씨는 인스타그램 부계정을 만들어, 자신이 모은 소품들을 업로드하며 자신의 취미활동을 더욱 활발히 이어 나가기로 마음먹었다. 집에 있던 소품들의 사진을 열심히 찍은 후, 이를 컴퓨터에 옮기려 하지만, 한 달 전 다이소에서 샀던 usb 케이블이 갑자기 고장났다는 사실을 알게 되었다.

S#2

다이소 매장 앞 (목요일 오후 6시)

신촌에 위치한 대학에 다니는 진아 씨는 학교를 마친 후 귀가를 위해 신촌역 근처 버스정류장으로 향한다. 가던 길목에 있는 다이소를 본 진아 씨는 며칠 전 고장나서 재구매해야 하는 usb 케이블이 문득 생각난다. 그리고 인스타그램과 유튜브에서 눈여겨 보았던 새로운 포스트잇도 떠올라 다이소에 방문한다.

S#3

다이소 매장 입구

매장에 들어온 이진아 씨는 usb-c젠더를 찾기 위해 곧장 입구 근처에 위치한 디지털 관련 매대로 간다. 자주 방문하는 매장이라 대략적인 위치엔 익숙하다.

S#4

문구류 코너

디지털 기기 매대로 가던 중 자연스럽게 문구류 코너로 발길이 향한다. 상품을 둘러보던 중 눈여겨봤던 새로운 포스트잇이 눈에 들어온다. 사실 집에 포스트잇이 많고, 새 포스트잇이 필요하지는 않지만, 평소 자신이 좋아하는 캐릭터로 만들어진 포스트잇을 그냥 지나칠 수 없다. 상품이 키보다 높은 매대에 있어 발판 없이는 닿지 않는 어려움을 겪지만 바빠 보이는 직원들에게 말을 걸기 힘들어 다음에 사기로 생각한다. 다시 디지털 매대로 가던 도중, 집에서 사용하던 네임펜을 다 썼다는 사실을 기억하고, 네임펜도 하나 집어든다.

S#5

디지털기기 코너

곧 자신이 평소에 계속 이용하던 usb 케이블을 발견했다. 해당 상품이 자주 고장났던 터라 이번엔 다른 브랜드의 상품을 구입해 볼까 고민했지만, 브랜드별 성능 비교가 어려워 그냥 안전하게 쓰던 상품을 쓰기로 한다. 해당 상품이 자주 고장난다는 사실을 고려해, 5개 정도를 집어든다. 사실 이렇게 여러 개를 구매하더라도 다른 곳보다 저렴하기 때문에 자신에게는 가성비가 좋다는 생각을 한다. 계산대로 향하던 중, 동선에 비치된 과자 코너가 눈에 들어온다.

S#6

간식 코너

다양한 과자와 초콜릿 등 여러 간식류가 있어 살펴보니, 같은 상품이지만 마트보다 저렴하다는 점에 혹한다. 먹고 싶은 간식을 집어 들려고 하니 이미 짐이 많아 손이 부족하다. 계산대 앞쪽에 위치한 장바구니 중 제일 작은 사이즈를 하나 들어 손에 있는 물건들을 다 넣은 다음 다시 간식 파는 곳으로 돌아와 다양한 간식류들을 골라 담기 시작한다.

S#7

계산대

장바구니를 들고, 진아 씨는 자연스럽게 무인 계산대 줄에 선다. 주변 학교들이 마칠 시간이라 그런지, 매장에 사람이 많아 줄이 길다. 자신의 차례가 오자 이진아 씨는 무인 계산대 앞에서 자신이 구매한 상품 하나하나의 바코드를 찍은 후, 결제를 한다. 결제 후, 적립 안내 페이지가 나오자, 늘상 그랬듯 휴대전화 번호로 적립을 진행한다. 하지만 잘 쌓이지 않고 포인트가 계속 소멸되는 데다, 사용 조건이 까다로워 자신은 언제쯤 포인트를 사용할 수 있을지 의문을 가진다. 하지만, 다양한 상품을 구매했는데도 가격이 저렴하다는 사실을 생각하며 행복해진 진아 씨는 메고 있던 큰 가방에 구입했던 물건들을 넣고, 출구로 향한다.

S#8

다이소 출입구(목요일 오후 6시 32분)

출구로 나가던 길에 이름표 스티커 기계를 발견한 진아 씨는 스티커가 몇 장 남지 않았다는 사실을 떠올린다. 온 김에 출력해 가야겠다고 생각하고, 이름표 스티커를 기계로 새로 제작한다. 그 후, 출입구로 나가 다이소로부터 5분 거리인 버스정류장으로 향한다.

S#9

이진아 씨의 집

이진아 씨는 구매한 상품 중 하나인 초콜릿을 먹으며 집으로 돌아가, 구매한 usb 케이블을 휴대폰에 연결해 사진을 노트북으로 옮긴다. 조금은 느리지만 잘 작동되는 것을 보며 역시 저렴한 가격에 잘 구매했다는 생각을 한다.

사용자 여정 지도(대학가 페르소나 2)

단계	동기	계획	방문	탐색	비교	결제	적립	이동	사용
고객행동	USB 젠더가 고장남	머리 속으로 생각하고 있음	지나가는 길에 보여서 입장	매장을 둘러보며 상품 탐색	익숙한 상품 선택	고른 상품 결제	멤버십 포인트 적립	매장을 떠나려던 중 필요 상품 발견	새로운 젠더로 노트북 사용
고객 감정	usb 케이블이 고장났네.. 새로 사러 가야겠다!	포스트잇도 새로 나왔다던데! 보이면 구경해야겠다~	아 맞다! 다이소 지나가는 김에 필요한 것들이나 사야겠어.	인터넷에서 봤던 포스트잇이 너무 높이 있네. 직원들도 바빠 보이니 다음에 사야겠다.	새로운 상품을 사볼까? 에이.. 그냥 안전하게 쓰던거 사자.	줄 옆에 간식 매대가 있네 간식 좀 몇 개 사갈까?	지난번에 적립해 둔 포인트를 쓰려고 했더니 그새 일부가 소멸됐네..	마침 이름표 스티커도 필요했는데 너무 저렴하게 출력했네!	이번에 여러 개 사왔으니까 당분간은 걱정 없어!
터치포인트		인스타그램 / 유튜브	매장	상품 매대	상품	키오스크	키오스크 / 어플		상품
기회 영역	기존 상품군 안정적 유지	신상품 /기획 상품 홍보	접근성이 좋은 매장 위치	고객 눈높이에 상품 배치	동일한 상품군 비교 정보 /빠른 위치 확인	대기줄 근처 매대의 효율적 배치	적립금 사용 방식 개선	가격 경쟁력, 출구 주변의 효율적 매대 배치	안정적인 상품 퀄리티

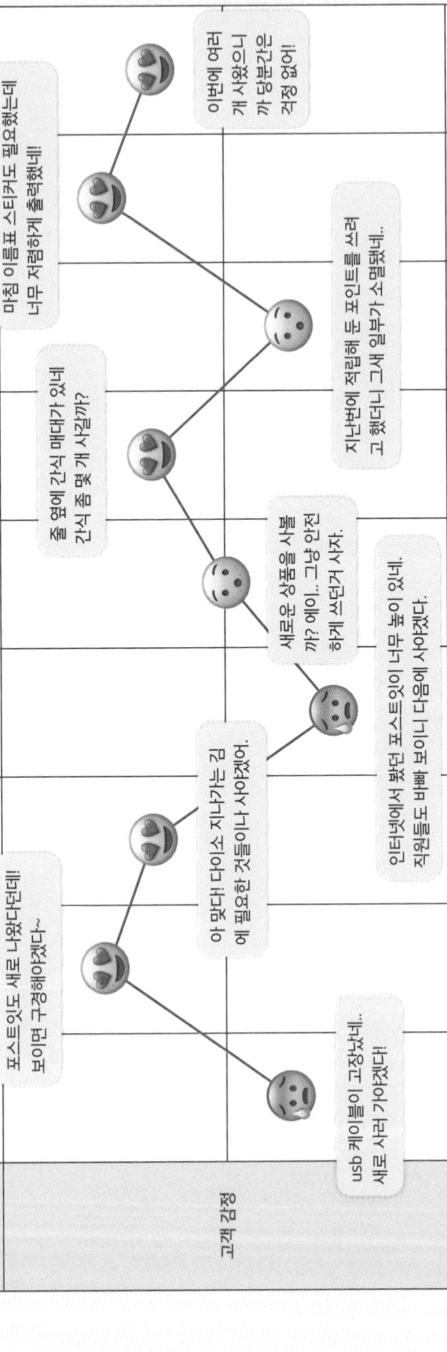

CHAPTER 3.

다이소를 상상하다

사용자 경험 디자인 아이디어

"다이소 사용자가 원하는 것은...?"

객원 리서처들은 주택가, 직장가, 대학가에 위치한 다이소의 사용자를 조사했으며, 사용자의 여정을 예측하고 여러 가지 니즈를 발견했다. 그리고 그중에서도 사용자와 밀접하게 연결되는 다이소의 접점을 리디자인했다. 다이소처럼 오프라인이 중심이 되는 브랜드의 사용자 경험은 어떻게 개선될 수 있을까?

매장 내 맞춤형 큐레이션

리서처: 류혜린

다이소를 방문하는 이유는 '특정 브랜드 상품의 구매'가 아닌 '목적을 충족시킬 수 있는 상품의 구매'가 주를 이룬다.

예) 올리브영- 필리밀리 아이브러시 사야지
다이소- 다이어리를 꾸밀 수 있는 스티커를 사야지

현장 관찰에서 같은 상품군 안에서도 다양한 종류가 있어 고민하는 사용자, 그 자리에서 인터넷으로 상품의 후기를 검색하는 사용자, 동행인에게 의견을 물어보며 구매를 결정하는 사용자를 발견했고, 오히려 너무 많은 유사 상품으로 인해 상품 탐색 및 검토 과정에서 긴 시간이 소요된다는 점을 알게 되었다. 상당수의 사용자는 단순한 필요를 목적으로 다이소에 방문한다. 즉, 상품에 대한 깊은 고민과 명확한 기준(모양, 길이, 너비, 디자인 등 디테일한 정보) 없이 방문하고 있음을 추측할 수 있다. 이러한 상태에서 방문할 경우, 상품을 결정할 때 어려움을 겪게 된다. 특히 인터넷이나 지인의 도움을 받기 어려운 사용자라면 직원에게 의존할 수밖에 없다. 하지만 직원에게 의존하는 사용자의 마음도 편치 않고, 스스로 빠르게 해결할 수만 있다면 그렇게 하고 싶어 한다. 사용자 한 명 한 명을 위한 다이소 큐레이터가 있으면 어떨까? 매장 내 POP 광고용 모니터를 활용한 맞춤형 상품 추천 서비스를 제안한다.

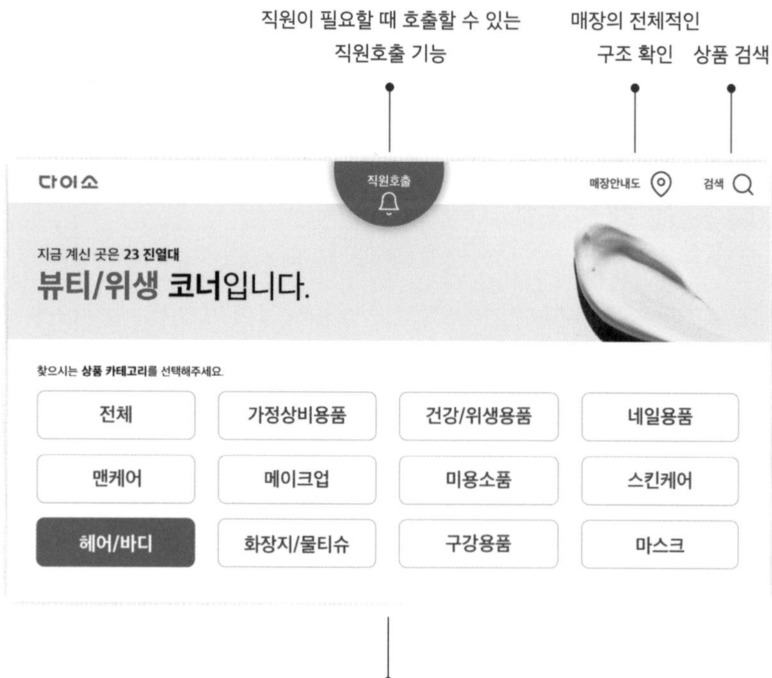

상품 영역을 넓히고자
직원호출 기능 버튼 축소

상품을 세분화시켜 구체적인 상황을
제시함으로써 고객이 상품을 쉽게
탐색할 수 있도록 도움

큐레이션된 상품 목록과
판매량 순위 정보를 함께 제공함

품목별 인기 상품 쇼카드

리서처: 박채연

주택가 다이소 리서치를 진행하며 60대 이상 사용자의 페르소나를 도출하는 과정에서 같은 용도를 가진 상품의 종류가 다양해 선택하기 힘들다는 페인포인트를 발견했다. 60대 이상 연령대의 다이소 사용자는 상품을 선택하기 어려울 때 직원에게 어떤 상품이 가장 많이 팔리고 인기 있는지, 어떤 상품을 추천하는지를 묻는 경향이 강하다. 다만 직원이 보이지 않아 기다려야 할 때도 많다.

이에 품목별 인기 상품이나 추천 상품 등을 표시하는 쇼카드를 매대에 설치해 두기를 제안한다. 직원의 추천 멘트를 쇼카드에 적어 쉽게 볼 수 있도록 한다면 직원이 보이지 않을 때도 도움을 받을 수 있다. 이는 같은 용도를 가진 상품의 종류가 많아 선택이 어려울 때, 고민하는 시간을 줄이고, 가장 만족할 수 있는 최선의 선택을 하도록 도울 것이다.

정보 전달을 위한 매대 활용 방안

리서처: 임샛별

비슷한 물건 사이에서 사전 정보 없이 뭘 구매해야 할지 고민할 때 사용자는 피곤함을 느낀다. 인터넷 정보 검색이 익숙치 않거나 수많은 유사 상품군이 존재해 상품에 대한 정보를 얻기 힘든 경우에는 더욱 그렇다. 매대를 통해 상품 선택에 도움을 주는 정보를 담아 보는 건 어떨까? 아래와 같이 세 가지 유형의 매대를 제안한다.

❶ 재구매율이 높은 상품 안내 매대

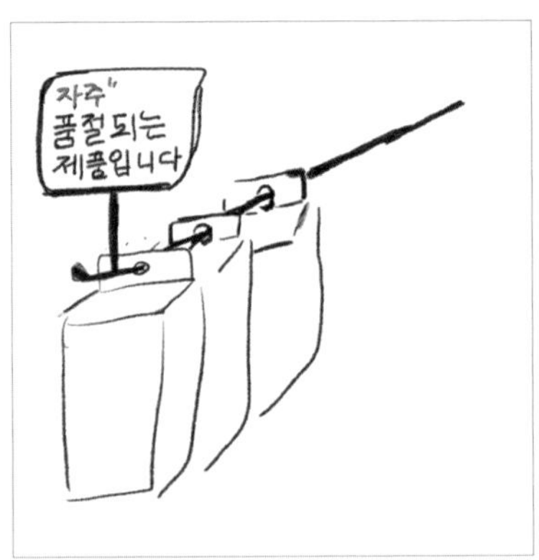

❷ 품절이 잦은 상품 안내 매대

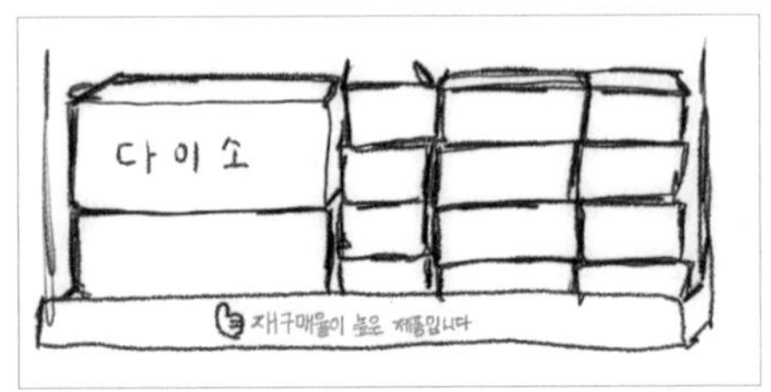

❸ 최근 입고 상품 전용 매대

새로운 유형의 매대 도입을 통해 다음과 같은 효과를 기대해 볼 수 있다.

① 상품 선택 시간 단축

다이소는 같은 카테고리에 다양한 상품이 마련되어 있다. 이러한 매대 내 가이드는 구매 결정 과정을 단축하는 데 많은 도움을 줄 것이며, 사용자는 크게 고민하거나 긴 시간을 들이지 않고도 합리적인 선택을 할 수 있다.

② 신규 구매 가능성을 확대

구매를 의도한 상품이 아니더라도, 최근 입고 상품, 품절이 잦은 상품 안내를 통해 계획에 없던 추가 구매가 이루어질 수 있다. 또한 다이소 상품에 신뢰가 없는 등의 이유로 사용자가 기존에 선호하지 않거나 시도해 보지 않았던 상품 카테고리에서의 새로운 구매 가능성을 창출할 수 있다.

매장 바닥의 유도선

리서처: 박현준

점심시간, 직장가 근처 다이소를 관찰해 본 결과 상품 카테고리를 훑어보고 찾는 상품을 빠르게 집어 결제한 뒤 나가는 행동 유형을 자주 볼 수 있었다. 찾는 상품이 확실한 사용자의 사용 편의를 증진하기 위해 각 카테고리로 빠르게 이동할 수 있는 유도선 디자인을 제안한다.

다이소 매장 바닥의 유도선 아이디어는 넛지 효과를 활용한 성공적 사례인 '고속도로 주행 유도선'에서 착안했다. 고속도로 주행 유도선은 고속도로에서 출구나 교차로의 방향을 색이 칠해진 선으로 한눈에 인지하기 쉽도록 알려 준다. 마찬가지로 직장가 인근 다이소 매장 바닥에도 카테고리별 유도선을 붙여 찾는 상품이 있는 위치로 빠르게 안내한다면 주 사용자의 행동 유형에 맞춰 더 좋은 경험을 제공할 수 있을 것이다.

다이소 웹사이트 기준 판매 중인 상품 카테고리는 23개이기 때문에 실제 모든 카테고리를 표기하는 것은 오히려 혼란을 초래할 것으로 생각된다. 따라서 카테고리를 최상위 개념의 5가지로 추려, 대략적인 카테고리를 추정할 수 있도록 제안하고 싶다. 다음과 같은 시나리오처럼 활용될 것으로 예상된다.

점심을 먹고 잠시 시간을 내 회사 근처 다이소에 물티슈를 사러 온 직장인 A 씨. 매장에 들어가자마자 바닥의 선을 보곤 '주방'이라 쓰인 선을 따라간 뒤 물건을 찾는다. '주방' 코너에는 물티슈처럼 생긴 물건이 없어 보이자, 빠르게 '청소'로 분류된 선을 다시 찾은 뒤, 선을 따라서 이동한다. 물건을 찾은 후 계산대까지의 선을 따라 걸어간 뒤 신속하게 결제하고 밖으로 나간다.

무인 계산대 멤버십 사용 플로우 개선

리서처: 김동우

현장 관찰과 인터뷰 과정에서 사용자들이 다이소 회원 포인트 활용에 불편함을 느낀다는 점을 발견했다. 사용자들은 다이소 멤버십 시스템에 포인트가 존재하는 것을 인지하고 있지만, 막상 그 포인트를 사용하는 데는 어려움을 느끼고 있다. 포인트 시스템의 접근성을 높이기 위해 포인트를 사용하는 방법을 사용자가 인지할 수 있게끔 해야 한다. 직접 직원이 도와주거나 계산대 옆에 안내문을 적어 놓는 것도 하나의 방법일 수 있겠으나, 계산 과정에서 본인의 의지로 포인트를 활용할 수 있게끔 키오스크 계산 플로우를 수정할 필요가 있었다. 우선 현재의 사용 플로우는 다음과 같다.

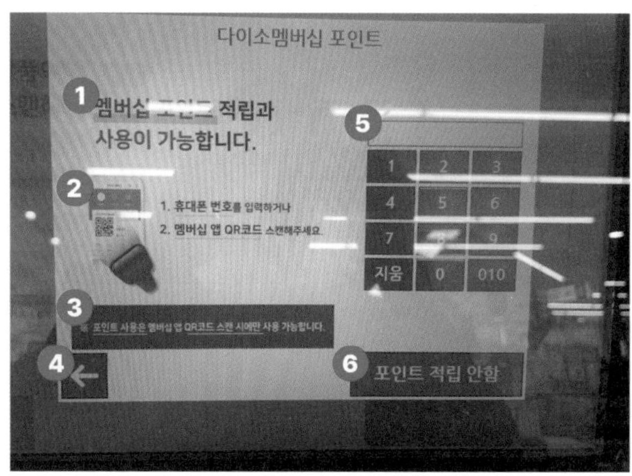

❶ "멤버십 포인트 적립과 사용이 가능합니다." 문구

❷ 포인트 사용 관련 안내 문구1 + 그림

❸ 포인트 사용 관련 안내 문구2 (사용은 QR코드 스캔만)

❹ 뒤로가기 버튼

❺ 전화번호 입력 다이얼

❻ 포인트 적립 안함 버튼

아래의 수정된 플로우에서는 사용자에게 정확히 구분된 선택지를 제공하고 화면 구성을 정렬해 사용자의 혼란을 방지했고, '뒤로가기', '넘어가기' 버튼은 기존 키오스크 UI에 맞춰 배치해 익숙하게 사용하도록 유도했다. 버튼 위 문구는 간단하고 직관적으로 기술하여 고객의 목적 달성에 도움을 줬다.

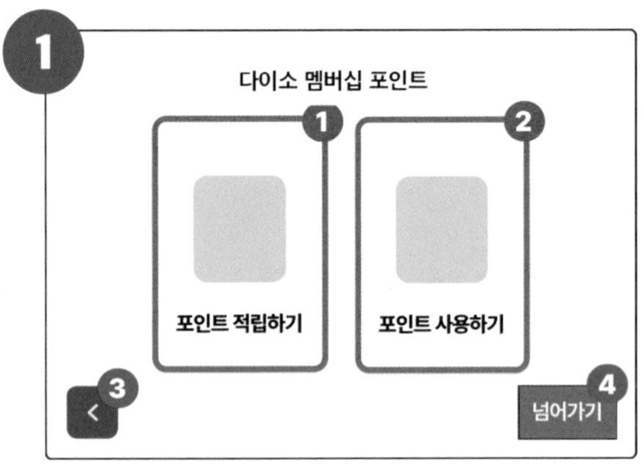

❶ 포인트 적립 버튼 | 터치 시 전화번호 다이얼 입력 창으로 이동

❷ 포인트 사용 버튼 | 터치 시 멤버십 앱 QR코드 스캔 안내

❸ 뒤로가기 버튼 | 이전 창으로 이동

❹ 넘어가기 버튼 | 다음 창으로 이동

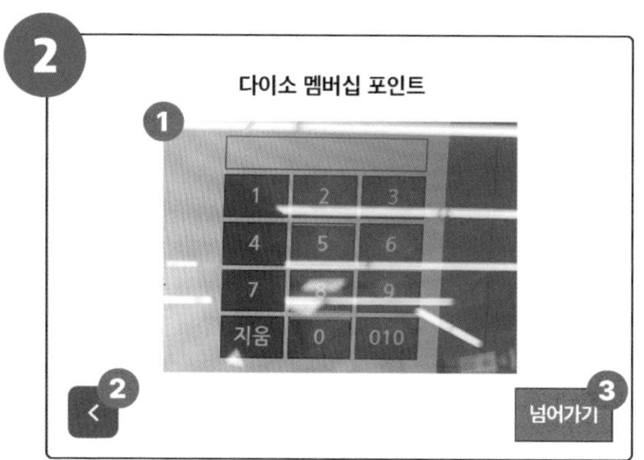

❶ 전화번호 다이얼 입력 창으로 이동

❷ 뒤로가기 버튼 | 이전 창으로 이동

❸ 넘어가기 버튼 | 다음 창으로 이동

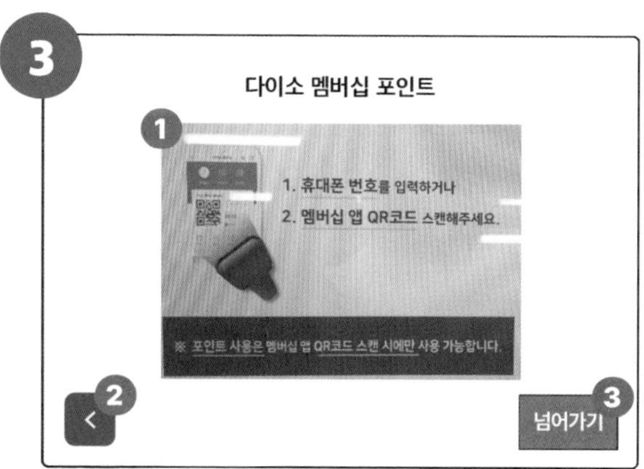

❶ 터치 시 멤버십 앱 QR코드 스캔 안내 | 스캔 시 적립

❷ 뒤로가기 버튼 | 이전 창으로 이동

❸ 넘어가기 버튼 | 다음 창으로 이동

무인 계산대 결제 플로우 개선

리서치: 김민정

다이소의 매장 경험 중 가장 마지막 결제 단계에서 사용자들은 어떤 경험을 하고 있을까? 무인 계산대에서 결제하는 단계에는 다음과 같은 여러 가지 문제점들이 혼합되어 있다.

1. 특정 상황에 결제를 하면서 직원을 불러야 한다.
2. 봉투가 무인 계산대 동선과 맞지 않아 계산 도중에 챙겨야 한다.
3. 바코드가 아닌 다이소 자체 QR 코드를 찍어야 한다.
4. 상품을 찍기 전, 결제 방식을 먼저 선택해야 한다.
5. 다이소 멤버십을 가입해야 포인트 적립과 사용을 할 수 있고, 포인트 사용의 경우 멤버십 어플로만 가능하다.

결제 과정의 각 단계에서 사용자에게 어떤 행동을 해야 하는지 명확하게 알려 줄 필요가 있다.

기존 셀프 계산 플로우	개선 플로우
1. 스크린 터치로 계산 시작 2. 결제 방법 선택 3. (신용카드를 선택한 경우, 카드 삽입) 4. 봉투 선택 5. 상품 QR코드 찍기 6. 멤버십 적립 7. 결제	1. 스크린 터치로 계산 시작 2. 봉투 선택 3. 상품 QR코드 찍기 4. 멤버십 적립 5. 결제 방법 선택 6. 결제

다이소의 경우에는 결제 방법을 상품 스캔 전에 선택하게 되는데, 신용카드의 경우에만 카드를 미리 단말기에 넣고 상품 스캔을 진행한다. 다른 결제 수단들은 상품 스캔 뒤에 결제를 진행하고 신용카드만 먼저 단말기에 넣는 명확한 이유가 없었다. 이는 일반적인 결제 방식과는 다른 점이므로 혼란을 야기한다. 따라서 기존의 우리가 익숙한 결제 방식에 따라 상품 스캔 후로 배치했다.

상품 스캔 시, 바코드 대신 QR코드를 찍는다는 점과 매장마다 다른 위치에 배치된 봉투를 결제 시작 전 미리 챙겨 와야 한다는 점을 고객에게 알리는 것을 목표로 했다.

처음 화면을 자세히 보지 않은 고객이 상품 스캔 단계에서 다시 한번 알 수 있도록 안내 문구로 인지하도록 돕고, 앞서 기본적인 내용보다 상품 스캔 단계에서 필요한 더 자세한 내용도 포함하였다. 또한 다이소 직원을 직접 부르지 않고 화면을 통해 도움을 요청할 수 있도록 기능을 추가하였다.

기존의 결제 확인 화면에서는 상품의 수량과 가격 그리고 봉투의 가격이 다 다른 위계로 표시되어 이용자에게 정확한 정보를 전달하지 못했다. 따라서 자신이 구매한 상품과 봉투의 개수를 좀 더 알기 쉽게 시각적인 위계를 정리하였다.

멤버십 적립 및 사용 단계에서는 하나의 뎁스 안에서 이루어지는 점이 좋았지만, 멤버십 적립 및 사용 자체가 다이소 멤버십 어플 가입자라는 전제가 필요했기 때문에 고객에게 이 내용을 먼저 알리는 것이 우선이라고 판단하여 안내 문구를 작성하였다.

리테일 브랜드의 UX 리서치 리포트

다이소에 갑니다

발행일 2024년 5월 27일
발행처 유엑스리뷰
발행인 현호영
지은이 유엑스리뷰 리서치랩
편　집 황현아
디자인 강지연
주　소 서울특별시 마포구 백범로 35, 서강대학교 곤자가홀 1층
팩　스 070.8224.4322

ISBN　979-11-93217-38-2

좋은 아이디어와 제안이 있으시면 출판을 통해 가치를 나누시길 바랍니다.
투고 및 제안 : uxreview@doowonart.com